Brecht e o Teatro Épico

Coleção Debates
Dirigida por J. Guinsburg

Equipe de Realização – Edição de Texto: Jonathan Busatto; Revisão: Marcio Honorio de Godoy; Produção: Ricardo W. Neves, Luiz Henrique Soares e Sergio Kon.

anatol rosenfeld
BRECHT E O TEATRO ÉPICO

ORGANIZAÇÃO E NOTAS:
NANCI FERNANDES

PERSPECTIVA

CIP-Brasil. Catalogação-na-Fonte
Sindicato Nacional dos Editores de Livros, RJ

R726b

Rosenfeld, Anatol, 1912-1973
    Brecht e o teatro épico / Anatol Rosenfeld; organização
e notas Nanci Fernandes. – São Paulo: Perspectiva, 2012.
    (Debates ; 326)

      ISBN 978-85-273-0952-3

        1. Brecht, Bertolt, 1898-1956 – Crítica e interpretação.
2. Teatro alemão – História e crítica. I. Fernandes, Nanci.
II. Título. III. Série.

12-3224.   CDD: 832
               CDU: 821.112.2
15.05.12 24.05.12   035602

1ª edição
[PPD]

Direitos reservados à

EDITORA PERSPECTIVA LTDA.

Av. Brigadeiro Luís Antônio,
3025 01401-000 São Paulo SP
Brasil Telefax: (11) 3885-8388
www.editoraperspectiva.com.br

2019

SUMÁRIO

Prefácio – *Nanci Fernandes* 9

1. O TEATRO ÉPICO

O Teatro Épico 27

Inícios do Teatro Épico 36

O Teatro de Piscator 41

Teatro Político, de Erwin Piscator 47

2. BRECHT E A TEORIA TEATRAL

B.B. 51

A Disciplina do Coração: Alguns Aspectos
da Obra de Bertolt Brecht 58

Obras Reunidas de Brecht 64

Brecht Contra Lukács 66

Brecht e os Desenvolvimentos
Pós-Expressionistas 70

Brecht e as Razões do Teatro Épico 76

Teoria de Brecht 81

Teoria e Prática... 86

Encenações Brasileiras –
Brecht: Monstro Sagrado? 93

3. ANÁLISE DE PEÇAS

Na Selva das Cidades 101

Um Homem É um Homem 113

A Ópera dos Três Vinténs... 120

A Alma Boa de Setsuan.. 127

O Senhor Puntila e Seu Criado Matti:
A Cordialidade Puntiliana.. 130

A Resistível Ascensão de Arturo Ui: Ui Não Foi
Placável.. 140

4. ORIGENS E INFLUÊNCIAS EM BRECHT

Wedekind e o Expressionismo 143

Teoria do Drama Moderno, de Peter Szondi 149

Gerhart Hauptmann 152

Sternheim e o Expressionismo 160

Memórias de Zuckmayer 166

Apêndice
NOTÍCIAS E COMENTÁRIOS
SOBRE BRECHT.. 173

Obras Sobre Brecht.. 173

O Riso de Brecht 174

Realismo Socialista e Brecht....................................... 175

Obras Póstumas.. 176

Brecht e o Lago... 176

Brecht Censurado 177

Fontes.. 179

PREFÁCIO

Pessoalmente, vi Brecht pela primeira vez em Berlim, pelos fins da década de 1929 (A Ópera dos Três Vinténs) e, desde então, ocupei-me dele. Nem por isso deixei de aprender muito sobre ele em discussões com encenadores brasileiros que, naquela época, nem sequer tinham nascido. Não há monopólios no campo do conhecimento, embora o acesso a ele não seja tão amplo como deveria ser. Se há, aqui, excelentes conhecedores de Joyce, Proust, Faulkner, Kafka, Mallarmé, Pound e outros autores complexos, não me entra na cachola por que não se possa conhecer ou não se conheça, no Brasil, um autor como Brecht, bem mais acessível e, no fundo, relativamente simples, apesar da sua ambiguidade e da sua dialética por vezes intrincada.

ANATOL ROSENFELD, 1967

O objetivo a que nos propusemos, ao organizar os vários escritos de Anatol Rosenfeld sobre teatro épico e sobre Brecht, foi complementar a síntese de sua reflexão no seu conhecido livro: *O Teatro Épico*. O interesse por Brecht no Brasil, posteriormente, ampliou-se e solidificou-se, não somente em termos cênicos mas também no plano teórico. Tal interesse, evidentemente, deu-se por vários fatores, além daqueles atinentes especificamente à práxis teatral, instigada em seu exercício pela evolução teatral assinalada por profundas modificações político-sociais vivenciadas nos anos de 1960-1980, marcadas inicialmente pelo florescimento de um pensamento de esquerda culturalmente ativo e, em seguida, pelo enfrentamento da repressão decorrente da Revolução de 1964. O fator a ser salientado é que nossa crítica teatral abriu-se para as novas perspectivas advindas dessa nova realidade cultural e teatral.

Por outro lado, à produção decorrente do refúgio que muitos elementos da classe teatral procuraram, nesse período, na universidade brasileira, somou-se uma grande expansão da reflexão acadêmica, refletida nas publicações tanto bibliográficas quanto especializadas. Na medida em que o Brasil mudava, social e politicamente, e em que o mundo sofria grandes transformações culturais – que, como é óbvio, refletiram-se no teatro –, o campo do conhecimento teatral passou a privilegiar novas maneiras e modos de implementar uma reflexão teórica que desse conta das novas realidades trazidas em seu bojo. No caso particular de Anatol Rosenfeld, como se sabe, sempre foi uma atitude constante o zelo pela independência intelectual e desvinculação dos meios acadêmicos[1] –, o que nunca significou afastamento

---

1. Sob o aspecto de sua proverbial humildade intelectual e, possivelmente, como derivativo de sua condição de refugiado do regime nazista – que sempre o levou a colocar-se à sombra dos acontecimentos escancarados pela publicidade –, um dos prováveis motivos do decréscimo de sua participação nos debates brechtianos nos últimos anos de atividade talvez seja essa discrição. Um fato paradigmático ilustra essa característica de sua personalidade: em fins de 1960, ao ser procurado para lecionar Estética na EAD, viveu a seguinte situação, narrada por Alfredo Mesquita: "Eu aceito [o convite], mas não conheço nada de teatro. [...] O senhor me dá uns três ou quatro anos [...] Argumentei: 'Não precisa, você estuda antes em casa'. E ele: 'Ah, mas eu não posso'. Aí foi diminuindo: 'O senhor me dá dois anos [...] um ano [...]' Acabou aceitando e eu lhe disse (isso foi em novembro):

do diálogo. Paralelamente à evolução da realidade sociocultural vivenciada nacionalmente, acentuava-se, desde 1958 (ano da primeira montagem profissional brasileira de Brecht) a 1973 (data do falecimento de Rosenfeld), o interesse brasileiro por Brecht e suas ideias, observando-se, da parte dele, uma produção constante de artigos sobre o teatro brechtiano e o teatro épico.

Cabe, neste nexo, assinalar que o teatro épico como tal, distinto da elaboração específica do pensamento brechtiano, sempre esteve presente no teatro brasileiro desde seus primórdios, seja através do teatro jesuíta, seja ao longo de sua história e mesmo paralelamente à evolução do período acima referido[2]. É oportuno assinalar que o marco de 1958 – data da estreia profissional de Brecht (encenação de *A Alma Boa de Setsuan*) –, assinala tanto a estreia de *Eles Não Usam Black-tie*, de Gianfrancesco Guarnieri, no Teatro de Arena (guinada à esquerda do grupo, doravante unido no projeto de solidificação de um programa que privilegiava basicamente a produção de um teatro essencialmente popular), e os inícios do Teatro Oficina, como também a própria evolução do teatro brasileiro, que transitou da fase de renovação propiciada pela criação do TBC – Teatro Brasileiro de Comédia, para a nova fase de introdução acentuada da cultura popular e do homem brasileiro no seu processo. Configurou-se, a partir de então, com o reposicionamento estético e ideológico do fazer teatral, a prática de um teatro ativo e questionador, ressaltando-se que as ferramentas necessárias já haviam sido "plantadas" e/ou implementadas pelo surto renovador das décadas de 1950-1960. Por outro lado, significa dizer também que, após a renovação dos anos de 1940,

'Você tem aí as férias, uns três ou quatro meses para se enfronhar e depois começa com o seu curso'", apud Nanci Fernandes, O Curso de Dramaturgia e Crítica da EAD, em *Dionysos – Especial: Escola de Arte Dramática*, Rio de Janeiro: minC Fundacen, n. 29, 1989, p. 103.

2. Ver, a este propósito, "Épico (Teatro)", em J. Guinsburg; João Roberto Faria; Mariângela Alves de Lima (coords.), *Dicionário do Teatro Brasileiro: Temas, Formas e Conceitos*, 2. ed. rev. ampl., São Paulo: Perspectiva/Edições Sesc SP, 2009.

a trajetória dos grupos paulistas Arena e Oficina trouxeram o desenvolvimento e a maturidade necessários ao pleno florescimento desse processo admirável.

Referindo-nos especialmente à modernização cênica propiciada pelo TBC em 1948, bem como ao renascimento da dramaturgia brasileira balizada por Nelson Rodrigues (1943) e Jorge Andrade, Dias Gomes e Plínio Marcos, entre outros (década de 1960), ambos esses componentes proporcionaram o aparecimento de novas técnicas e práticas cênicas que ou absorveram ou foram caudatárias das práticas e do pensamento brechtianos. Considerando ser nosso intuito fazer um breve panorama indicativo do período, vamos nos ater, rapidamente, às trajetórias do Teatro de Arena e do Teatro Oficina nesse momento. Além dos dois grupos, não se deve deixar de mencionar a prática e a dramaturgia características do movimento desenvolvido por Oduvaldo Vianna Filho no CPC – Centro Popular de Cultura, que privilegiaram sobretudo os preceitos de Brecht voltados para o teatro didático e para uma atuação teatral calcada no *agit-prop*[3].

Brecht no Teatro Brasileiro

Quando, na verdade, chegou Brecht ao Brasil?[4] A resposta deve remontar aos modernistas: sabe-se que um dos integrantes do movimento, Aníbal Machado, teria tomado conhecimento dos poemas e ideias brechtianos talvez a partir de Mário de Andrade[5]. Mesmo podendo-se datar cronologicamente esse início em 1942, é lícito acrescentar que Oswald de Andrade, o único dramaturgo relevante do nosso modernismo (cujo teatro foi escrito na década de

3. Ver "Didático (Teatro)", em J. Guinsburg et al. (coords.), op. cit.

4. Cf. Fernando Peixoto, A Boa Alma de Brecht no Brasil, em F. Peixoto et al., *Brecht e o Berliner Ensemble*, Rio de Janeiro: Inacen, 1986, p. 27-30. Wolfgang Bader, Brecht no Brasil, um Projeto Vivo, em W. Bader (org.), *Brecht no Brasil: Experiências e Influências*, Rio de Janeiro: Paz e Terra, 1987, p. 11-22.

5. Raul Antelo, Os Modernistas Lêem Brecht, em W. Bader (org.), op. cit., p. 79-87.

1930), deveria possuir conhecimentos sobre práticas do teatro épico, visto que suas peças, conforme apontado por Sábato Magaldi, além de influências do Teatro do Absurdo e de Maiakóvski, contêm técnicas que guardam afinidades com as propostas de Brecht[6]. Não obstante, como seu teatro só foi encenado em nossos palcos a partir de 1967 (ano da montagem de *O Rei da Vela* pelo Teatro Oficina), é possível dizer que o teatro brasileiro, principalmente em termos cênicos, até 1958 ainda não estava preparado para receber essa influência. Além disso, a encenação, em 1945, de *Terror e Miséria do III Reich*, em São Paulo, por um grupo amador, pareceu configurar apenas um protesto político contra o nazismo[7].

Neste ponto convém retroceder aos inícios da modernização teatral capitaneada pelo TBC em outubro de 1948: alguns meses antes de sua fundação – e a ela vinculada de várias maneiras e modos[8] –, precisamente em 2 de maio de 1948 foi fundada por Alfredo Mesquita a EAD – Escola de Arte Dramática, criada com vistas a fornecer ao teatro um ator à altura das práticas e do repertório visados pelo ideário da renovação teatral. A EAD, na medida em que catalisou todo um espaço ideal para o desenvolvimento de projetos com vistas ao novo teatro, arregimentou em São Paulo elementos ligados a esse ideário. É fato conhecido que os diretores (na maioria italianos) do TBC tiveram uma função pedagógica importante no teatro então praticado, não apenas no âmbito do teatro da rua Major Diogo mas espraiando-se por outros organismos ligados ao teatro, dentre eles a EAD[9]. Entre esses colaboradores, um em especial foi muito importante: Ruggero Jacobbi que, nas palavras de Paulo Autran, "foi o grande teórico, a maior cultura de todos os diretores estrangeiros"[10].

6. *Teatro da Ruptura: Oswald de Andrade*, São Paulo: Global, 2003.
7. Idem, p. 15 e 283.
8. Ver, em particular, Paulo Mendonça, Fomos os Primeiros, *Dionysos*, n. 29, p. 68-74.
9. Cf. Armando Sérgio da Silva, *Uma Oficina de Atores: A Escola de Arte Dramática de Alfredo Mesquita*, São Paulo: Edusp, 1988, especialmente p. 67-68, onde consta a relação desses cursos.
10. Idem, especialmente p. 88-95.

Nosso intuito ao mencioná-lo é fixar uma "ponte" na constelação dos elementos que interagiram no caldo da transição do teatro dito "conservador" (TBC) para a etapa do teatro de busca político-identitária (Arena/Oficina/CPC). Especificamente no caso da EAD, seus alunos: "No período 1950 a 1952 [...] foram [os alunos da EAD] privilegiados por adquirirem através de seus ensinamentos (de Ruggero Jacobbi) uma técnica bastante aprofundada de análise do texto, bem como a consciência da função social da arte que pretendiam exercer"[11].

Seu talento pedagógico foi utilíssimo para a geração de atores que se lançava ao novo teatro:

Em classe, logo no primeiro ano [1949], mostrou aos alunos uma variedade muito grande de possibilidades de desempenhos, se pensarmos no fato de que em apenas um curso os exercitou, através de leituras dramáticas, em estilos variados, como o teatro grego, Shakespeare, Martins Pena, Tchékhov, O'Neill, Pirandello e Noel Coward[12].

Jacobbi lecionou na EAD entre 1949 e 1951, sendo essa fase contemporânea a dois acontecimentos que, direta ou indiretamente, guardam relação com a introdução de Brecht em nosso teatro. Lembremos que Ruggero aportara no Rio de Janeiro em 1946, integrando a companhia teatral italiana de Dianna Torrieri, tendo permanecido no Brasil até 1960, com participação ativa tanto na área teatral quanto na cinematográfica[13]. O primeiro evento que o vincula a Brecht, foi a montagem, em 1950, no TBC, de *A Ronda dos Malandros*, de John Gay. Segundo Ruggero, "a montagem do texto de John Gay nasceu da vontade que sentia de fazer no Brasil sua adaptação recente e mais famosa, a *Ópera dos*

11. Idem, p. 94. Em nota de rodapé, o autor comenta que "o envolvimento do diretor italiano com os problemas do país foi tal, que acabou por ser, em 1956, acusado de subversão política e, não fosse a reação enérgica da classe teatral, Ruggero teria sido preso e expulso do país".

12. Idem, p. 91.

13. Ver a interessante trajetória e escritos de Ruggero Jacobbi, em Alessandra Vannucci (org.), *Crítica da Razão Teatral: o Teatro no Brasil Visto por Ruggero Jacobbi*, São Paulo: Perspectiva, 2005.

Três Vinténs, de Brecht e Weill. Compreendendo que seria difícil conseguir sua liberação pela censura, opta epela encenação do original"[14]. A montagem provocou uma crise no TBC – cujos sócios-fundadores eram representantes da alta burguesia paulista –, tendo permanecido em cartaz apenas duas semanas, sendo bruscamente retirada de cartaz pela direção da Sociedade Brasileira de Comédia. Jacobbi foi afastado do TBC por motivos ideológicos:

> Desde sua entrada para a empresa, Jacobbi não procurara disfarçar seu interesse por um teatro popular e engajado, e com *A Ronda dos Malandros* afrontava diretamente os capitalistas conservadores que haviam bancado a produção[15].

O segundo acontecimento ligado a Brecht refere-se à apresentação na EAD, em 1951, "da experiência de teatro de arena no Brasil [...] numa sala do mesmo edifício do Teatro Brasileiro de Comédia" (já que a EAD teve sua segunda sede nos altos do TBC, em espaço especialmente cedido por Franco Zampari); a experiência visava ao mesmo tempo "estar no teatro", objetivando abrir "um campo de atuação para uma outra ideologia do espetáculo"[16]. Não é descabido imaginar que tanto esse início do "teatro em arena" quanto o fato anteriormente acontecido no TBC se nos afiguram, à distância do tempo, sincrônicos no tocante à introdução e difusão das ideias e peças de Brecht. Esta vinculação de Ruggero Jacobbi à difusão de Brecht no Brasil pode ser reforçada pelo seu famoso encontro pessoal com o próprio Brecht nos inícios de 1956, numa visita feita ao Piccolo Teatro di Milano, do qual Jacobbi foi um dos fundadores[17].

14. Cf. Alberto Guzik, TBC: *Crônica de um Sonho*, São Paulo, Perspectiva, 1986, p. 39-40.
15. Idem, p. 41.
16. Mariângela A. de Lima, História das Idéias, *Dionysos*, MEC/DAC--Funarte/Serv.Nac. de Teatro, n. 24, out. 1978, p. 31-63. Ver, igualmente, Maria T. Vargas, História da EAD e Geraldo Mateos, Depoimentos Integrais de Alunos, ambos *Dionysos*, n. 29, p. 53 e 222-223.
17. Cf. A. Vanucci (org.), op. cit., p. 215-219.

Esse nascedouro do interesse por um teatro alternativo ao tradicional, outrossim, levou Alfredo Mesquita – que apesar de ser conhecido por sua visão conservadora de teatro sempre esteve atento às inovações teatrais europeias – a encenar na EAD, em 1951, a primeira peça de Brecht no Brasil. Como relembra Geraldo Mateos:

> Quando ele [Alfredo Mesquita] começou a sentir que o Teatro Brasileiro de Comédia e as outras organizações teatrais de São Paulo, na época, estavam se orientando para o lado comercial [...], ele começou – com sua experiência e cultura – a ver que ninguém no Brasil se preocupava em descobrir os novos valores que estavam aparecendo. O Teatro Brasileiro de Comédia não podia fazer um Brecht como ele fez, e na época em que o fez. Foi a primeira vez que se montou esse autor no Brasil. Fomos para Curitiba com *A Exceção e a Regra*. Curiosamente, fomos parar num clube alemão [...] e ele disse: "Talvez esse público entenda mais a mensagem desse autor"[18].

Depreende-se das palavras de Mateos que, muito embora a ousadia do diretor da EAD, ele tinha consciência de que a obra brechtiana talvez fosse prematura para nosso teatro.

Para voltar a Ruggero Jacobbi e ao seu estreito relacionamento com o Teatro de Arena, depois de sua saída da EAD (1951) o seu trabalho com os jovens continuou; tendo em vista seu propósito teatral básico (criação de um teatro popular sólido e engajado) e sua inclinação eminentemente pedagógica, estimulou jovens alunos do curso de interpretação (estudantes universitários em sua maioria) do Centro de Estudos Cinematográficos a formar um grupo amador específico com base nessas ideias[19]. Foi o mentor e principal fundador do Teatro Paulista do Estudante (1955), cuja anexação ao Teatro de Arena também estimulou e defendeu[20], lembrando-se que o TPE "seria o núcleo básico da renovação da dramaturgia e espetáculo empreendidos

18. Depoimentos Integrais de Alunos, op. cit., p. 218.
19. Cf. A. Vanucci (org.), op. cit, p. 55-57.
20. Idem, p. 60-61.

em seguida pelo Teatro de Arena". Jacobbi foi responsável igualmente pela vinda a São Paulo de Fernando Peixoto, uma das bases do Teatro Oficina na sua época áurea[21]. Sempre atento à evolução do Teatro de Arena, Ruggero Jacobbi também orientou, em 1954-1955, o seu Laboratório de Dramaturgia[22].

Cremos ter traçado, em linhas gerais, o começo da assimilação de Brecht pelo teatro brasileiro. De todo modo, deve-se assinalar que o Teatro de Arena, no princípio, não visava absolutamente fazer um teatro distinto daquele praticado pelo TBC. Desde sua fundação em 1953 até a chegada de Augusto Boal em 1956, o Arena não objetivava fazer um teatro alternativo, seja ao praticado profissionalmente, seja àquele emanado através da formação obtida na EAD. É verdade que a primeira diferenciação, fundamental no caso, adveio com a encenação "em arena", que teve como consequência uma interpretação e encenação despojadas, já que o público praticamente ficava cara a cara com o fato teatral[23]. Esta característica intimista, psicológica, foi aprofundada com a chegada de Boal em 1956, que regressava de um curso de dramaturgia feito na Columbia University (EUA) e vinha influenciado pelo método stanislavskiano, linha que imprimiu ao grupo com base na experiência que trazia a partir do Actor's Studio[24].

Somente a partir do encaminhamento do Arena para a fase dos musicais, em 1965, a prática e as teorias de Brecht – evidentemente conhecidas anteriormente por Boal na sua estada norte-americana – começaram a moldar tanto a encenação quanto a dramaturgia do Teatro de Arena. Sob este aspecto, essa absorção deu-se da maneira mais "brechtiana" possível: Augusto Boal é o único diretor brasileiro que, a partir do seu trabalho com um elenco permanente, elaborou uma poética,

21. A. S. da Silva, op. cit., p. 95, especialmente a nota com detalhes sobre a fundação do Teatro Paulista do Estudante.
22. Cf. A. Vanucci (org.), op. cit., p. 240-241.
23. M. A. de Lima, História das Ideias, op. cit.,p. 31-63.
24. Augusto Boal, depoimento em W. Bader (org.), op. cit., p. 249.

expressa especialmente no seu livro *Teatro do Oprimido*. Toda a teorização elaborada com base na preparação, nos ensaios e montagens dos espetáculos do Arena convergiram para a elaboração do único sistema criado no Brasil a partir das ideias brechtianas, qual seja, o Sistema Coringa, poética estruturada por Boal na preparação e escritura de *Arena Conta Zumbi* e *Arena Conta Tiradentes* – ambas as peças escritas por ele em parceria com Gianfrancesco Guarnieri.

Todavia, retornando ao ano de 1958, deve-se ressaltar que esse marco não é importante apenas por assinalar a primeira encenação profissional de Brecht no Brasil. Quanto ao Teatro de Arena ocorreu, ainda, um dos eventos mais relevantes de sua história: o Seminário de Dramaturgia, o qual, além de todos os frutos que gerou em termos de dramaturgia e conscientização crítica, foi um foro privilegiado não só para a discussão das peças apresentadas por jovens dramaturgos mas, principalmente, para uma discussão político-ideológica sobre os rumos que se abriam ao teatro idealizado e pretendido por seus participantes[25]. Brecht, evidentemente, foi tema constante nos debates:

> O nosso grande drama foi a dúvida: partir para um teatro brechtiano logo ou começar com o realismo. Naquela época [...] não se sabia exatamente o que era o efeito de distanciamento no teatro de Brecht, e as mais incríveis teorias surgiam. [...] Teoricamente nunca chegamos a definir uma forma[26].

Assim sendo, nota-se que o grupo mais inovador no sentido de assimilar e recriar as teorias brechtianas dentro de

25. Carmelinda Guimarães, Seminário de Dramaturgia: Uma Avaliação 17 Anos Depois, *Dionysos*, n. 24, p. 64-82.
26. Flávio Migliaccio, depoimento em *Dionysos*, n. 24, p. 73. É curioso que mesmo Augusto Boal, muitos anos depois, ainda falava sobre o tão famoso efeito de afastamento: "Jamais consegui entender exatamente o que é o *Verfremdungseffekt*, o efeito de afastamento. Às vezes penso: 'ah, é isto, peguei', e quando penso que peguei e peço ao ator para fazer e ele faz, acho que não é nada disso, e se fosse acho que o Brecht diria que não. O que me interessa é mais o pensamento que está por trás, e que está em tudo aquilo que o Brecht fez".

um contexto especificamente brasileiro teve que render-se, basicamente por questões ligadas à macroevolução do nosso teatro, ao amadurecimento necessário para acompanhar as novas formas e integrá-las ao seu trabalho.

No que se refere ao Teatro Oficina, o caminho rumo ao encontro e absorção de Brecht foi semelhante – inícios sob a influência do método Stanislávski e posterior evolução para as técnicas brechtianas. A partir da encenação de *Pequenos Burgueses* (1963), de Máximo Górki – auge do virtuosismo cênico-interpretativo elaborado com base no Método Stanislavski –, a coesão do elenco com relação ao trabalho e aos objetivos visados levou o grupo a sentir-se precisado de técnicas que quebrassem a empatia e a identificação da plateia, cujos prejuízos de análise crítica tanto foram enfatizados por Brecht. A descoberta da obra e do pensamento brechtianos foi o casamento perfeito para o desenvolvimento progressivo de ideias e planos gestados tanto pelo grupo quanto por seu diretor mais constante, José Celso Martinez Corrêa[27].

Por outro lado, nota-se uma diferenciação na abordagem brechtiana contrapondo-se à do Arena: as ideias brechtianas, centradas em termos cênicos preponderantemente em torno de José Celso, foram, ao longo de sua prática e elaboração, transpostas para novo patamar, o qual, embora igualmente válido, conduziu o processo do Oficina para um uso e práticas absolutamente contrários aos preconizados por Brecht. As ideias consubstanciadas na expressão Te-Ato, cunhada por José Celso, pularam o nível da prática que objetiva a conscientização do espectador e propugna uma reação efetiva – cujo objetivo principal seria exterminar a luta de classes –, para um nível, diríamos, mais metafísico, que poderia ser resumido nos seguintes termos: para mudar a sociedade, mister se faz mudar o homem *individualmente*:

O "Te-ato" seria a própria reinvenção da comunicação direta e funcionaria como defesa contra a forma piramidal com que os

27. Fernando Peixoto, depoimento em W. Bader(org.), op. cit., p. 232-240.

meios de comunicação impuseram suas mensagens aos cérebros desprevenidos. [...] Seria preciso, então, um novo homem, um novo ator para o "novo teatro". As sociedades tecnológicas e do lazer desenvolveriam novas formas de "Te-ato" como atividade de invenção crítica, através da comunicação direta, da qual participam progressivamente como "atuadores" todos os seus membros. A divisão palco e plateia estaria então superada [...] a nova forma de comunicação seria um *corretivo* ao público passivo e consumidor[28].

Ou seja, o Oficina adotou uma postura não meramente crítica, mas de "correção em ato" daquilo que, a seu ver, seriam os desequilíbrios sociais, e que, através de sua "te-atuação", voltariam ao equilíbrio desejado.

Convém lembrar que Brecht, em seus escritos, jamais abdicou de transformar a sociedade pela conscientização aliada à luta direta[29]; este é o fim precípuo do seu teatro a partir de 1922. Essa linha é facilmente detectável na trajetória do Teatro de Arena. O Teatro Oficina, embora estreitamente ligado ao ideário brechtiano, ao menos na fase dos primeiros contatos com a obra do dramaturgo alemão no início de seu percurso, enveredou pelo caminho do incitamento/desmascaramento do pequeno burguês para forçá-lo a agir; agora, nessa nova etapa evolutiva, o espectador era visto

28. A. S. da Silva, *Oficina: Do Teatro ao Te-Ato*, São Paulo: Perspectiva, 2. ed., 2008, p. 203-204. (Grifo nosso.)

29. Em 1952, Brecht condensou, em "As Características do Berliner Ensemble", os seguintes critérios:

Mostrar que a sociedade pode ser transformada.
Mostrar que a natureza humana pode ser transformada.
Mostrar que a natureza humana depende da classe a que se pertence.
Mostrar que os conflitos são conflitos sociais.
Mostrar as personagens com suas verdadeiras contradições.
Mostrar que as personagens, as situações e os acontecimentos possuem uma evolução descontínua (inconstante).
Tornar agradável a maneira dialética de observar os acontecimentos.
Preservar as conquistas do classicismo do espírito dialético.
Estabelecer a unidade do realismo e da poesia.

Em F. Peixoto et al., op. cit., p. 5. Observa-se nesse "receituário" que Brecht jamais abdicou do teatro enquanto tal, nem prescreveu ou sugeriu uma dissolução da relação palco-plateia.

como ator e partícipe da luta engendrada, confundindo-se com os ideais subjacentes aos seus espetáculos e participando em plena comunhão com os atores do Oficina. No ocaso do grupo – acelerado pela censura e pelo exílio –, o teatro praticado continuou tendo como alvo o pequeno-burguês, mas já agora como alguém que tinha que ser não somente desmascarado, mas acintosamente agredido para que "acordasse" face às condições insatisfatórias em que estaria mergulhado. Tal prática de um "teatro agressivo" foi marcada pelo chamado "irracionalismo epidêmico" – conforme análise na severa crítica de Anatol Rosenfeld[30].

Não sendo nosso objetivo, neste curto prefácio, refazer a história teatral ou a exegese da evolução brechtiana do Arena e do Oficina, queremos apontar que, além dessses dois grupos, é essencial indicar outro que igualmente difundirá a prática brechtiana entre nós: o CPC (Centro Popular de Cultura), cuja vertrente teatral sofreu influência direta de Oduvaldo Viana Filho. Desligado do Teatro de Arena, em 1960, juntamente com outros elementos do grupo – visto divergir ideologicamente tanto de integrantes do Arena, quanto da sua linha de trabalho (qual seja, assumir-se como companhia profissional e renunciar ao alcance de grandes plateias populares), Vianinha foi um dos fundadores do CPC em 1961[31]. Partindo de um dos objetivos básicos do CPC ("elevar o nível de conscientização das massas populares"), sua atividade teatral concentrou-se em fazer "teatro em comícios; teatro de rua e em caminhões; teatro em universidades e em sindicatos; teatro em ligas camponesas e congressos operários" –, isto é, a prática de um teatro didático ativo, com ênfase no *agit-prop*. Na avaliação de Fernando Peixoto:

30. Irracionalismo Epidêmico, *Prismas do Teatro*, São Paulo/Campinas: Perspectiva-Edusp/Editora da Unicamp, 1993, p. 207-211.
31. A divergência fundamental de Vianinha, no seu desligamento do Arena, foi com relação a José Renato. Ver esse e outros temas que o motivaram a desligar-se do Arena em F. Peixoto (org.), *Vianinha: Teatro, Televisão, Política*, 2. ed., São Paulo: Brasiliense, 1983, especialmente o capítulo: Vianinha no Teatro de Arena (1956-1960). Sobre suas motivações pessoais, ver o seu artigo Do Arena ao CPC, idem, p. 90-97.

é preciso compreender que o CPC, com objetivo de contribuir para a conscientização popular, efetivamente aspirava a se constituir uma nova vanguarda, a partir de conceitos, nem sempre bem explicitados ou bem defendidos de elementos esparsos de uma estética marxista (em termos de teatro, simplificando bastante: *mais Piscator, isto é, comício e agitação, do que Brecht, ou seja, reflexão e crítica*) [...] E assim entregando à posteridade seu calcanhar de Aquiles: a acusação de sectarismo, de imposição de palavras de ordem, dificuldade de relação com o público popular, de privilégio da mensagem política em detrimento da expressão estética, de festividade revolucionária desvinculada do verdadeiro movimento das massas trabalhadoras, populismo etc[32].

Para concluir estas rápidas considerações sobre a assimilação do teatro e das ideias de Brecht, queremos sublinhar a grande contribuição de Anatol Rosenfeld. Em outubro de 1956, ele integrou o quadro de colaboradores do Suplemento Literário de *O Estado de S. Paulo,* encarregado da seção de Letras Germânicas. É inquestionável, historicamente, a importância que esse periódico teve para o desenvolvimento e a divulgação da cultura em geral e, como não podia deixar de ser, para o teatro brasileiro, que então atravessava uma de suas fases mais ricas e importantes. Assim, após o falecimento de Brecht (14.8.1956), a primeira manifestação da crítica teatral sobre sua obra ocorreu no lançamento do primeiro número do Suplemento Literário (Sábato Magaldi, "A Concepção Épica de Brecht", de 6.10.1956). Sendo Anatol Rosenfeld o responsável pela seção Letras Germânicas, o seu quarto número (27.10.1956) reproduziu seu artigo "A Disciplina do Coração: Alguns Aspectos da Obra de Bertolt Brecht". Pode-se comentar que, se Sábato Magaldi, que assistira à encenação de *Mãe Coragem* em Paris na temporada de 1952-1953, não se entusiasmara muito ("fiquei muito decepcionado: achei o espetáculo por demais

---

32. CPC: O Projeto de um Teatro a Serviço da Revolução, em F. Peixoto (org.), *O Melhor Teatro do CPC da UNE,* São Paulo: Global, 1989, p. 7-22. (Grifo nosso.)

cansativo e o público se enfadava o tempo todo"[33]), impressão em que foi seguido por Santa Rosa, chegando mesmo a desaconselhar essa encenação no Brasil, já Anatol Rosenfeld, no seu artigo, se preocupa principalmente em destacar a indissociável inclusão de Brecht na literatura e no teatro alemães e o seu vínculo com a tradição germânica[34], ou seja: além de historiar as principais características da obra brechtiana, não a desvincula, muito pelo contrário, faz a sua contextualização na literatura alemã, marcada por uma evolução que tem suas raízes na riquíssima cultura que foi a origem não somente do teatro brechtiano mas igualmente do movimento expressionista que está na sua base.

Por outro lado, levando-se em conta a importância e a penetração dos conteúdos veiculados pelo Suplemento Literário de *O Estado de S. Paulo* – no qual o teatro, sob a responsabilidade de Sábato Magaldi, também era contemplado em outras seções –, vale lembrar que no ano de 1958, marco da introdução de Brecht no teatro profissional brasileiro, Rosenfeld redigiu quatro artigos sobre o assunto: "Inícios do Teatro Épico" (1.3.1958), "O Teatro de Piscator" (29.3.1958), "Teoria de Brecht" (12.4.1958) e "Brecht: Teoria e Prática" (21.6.1958). Como a estreia de *A Alma Boa de Setsuan*, pelo Teatro Maria Della Costa, deu-se em setembro, é possível aventar a hipótese de que Rosenfeld, ao mesmo tempo em que se munia para assessorar a montagem dirigida por Flamínio Bollini, dava a público através do Suplemento as suas reflexões sobre o dramaturgo. Sem dúvida, as reflexões anatolinas não podem ser dissociadas da difusão e assimilação de Brecht entre nós.

Seleção de Artigos

Anatol Rosenfeld, através da colaboração constante na imprensa e em revistas especializadas, seguiu atento essa evo-

---

33. Depoimento em W. Bader (org.), op. cit., p. 223.
34. Ver infra, p. 58.

lução, nem sempre participando diretamente dos quentes debates da classe teatral, porém sem perder de vista o foco de sua visão brechtiana. Além do livro *O Teatro Épico* (1965), no período em foco prosseguiu seu trabalho de crítica e reflexão, seja como espectador, seja como representante da classe teatral (1969-1970) como integrante da Comissão Estadual de Teatro – CET (Secretaria de Estado da Cultura) na gestão de Renata Pallottini. Assim, ao selecionarmos o material de seu acervo, pretendemos cobrir trabalhos inéditos que ampliassem ou complementassem o livro já citado.

Considerando que seu livro sobre o teatro épico, no dizer do autor, não pretendeu "apresentar uma história do teatro épico", mas apenas, a partir da "conceituação do teatro épico contemporâneo, mormente o de Brecht – teoricamente o mais bem fundamentado", tentar "ilustrar, mediante vários exemplos, alguns grandes momentos"[35] de sua história, verificamos que várias reflexões ficaram dispersas em obras póstumas ou permaneceram inéditas. Destarte, conforme fontes citadas, percorremos um itinerário possível para traçar um entendimento complementar extensivo do teatro épico e de Brecht.

Outro aspecto a apontar, igualmente, é que o interesse de Rosenfeld pelo tema – além do interesse específico por Brecht – precedeu o convite a ele feito pelo Teatro Maria Della Costa, em 1958, para assessoramento crítico da montagem de *A Alma Boa de Setsuan* – primeira montagem profissional de Brecht no Brasil. Nesse sentido, encontramos já em 4.8.1946, no *Diário Popular*, uma publicação sobre Gerhart Hauptmann, considerado por Anatol como diretamente influenciador dos caminhos dramatúrgicos de Brecht. Em 27.10.1956, no início de sua colaboração para o Suplemento Literário de *O Estado de S. Paulo* – e anteriormente à citada montagem –, dentre seus primeiros artigos consta "Alguns Aspectos da Obra de Brecht", sendo este e o anterior inseridos neste livro. É óbvio que, a partir de 1958,

35. Advertência, *O Teatro Épico*, 6. ed., São Paulo: Pesrpectiva, 2008, p. 11-12.

o exame da obra brechtiana se acentuou – inclusive pelo crescente interesse do teatro brasileiro por Brecht, tendo em vista a evolução sucintamente descrita acima. Acreditamos, porém, que isso se deu não só em função do interesse pessoal de Anatol Rosenfeld, mas também pela expansão do conhecimento das peças e do pensamento de Brecht. O último texto publicado, inédito, deu-se em 8.11.1969 (Suplemento Literário de *O Estado de S. Paulo*), e aborda minuciosamente o espetáculo *Na Selva das Cidades*, então dirigido por José Celso Martinez Corrêa para o Teatro Oficina.

Anatol Rosenfeld proferiu, em 1966, uma conferência no ITA – Instituto Técnico da Aeronáutica sobre teatro épico, na qual fornece uma condensação de sua visão sobre o assunto: a partir dela, estruturamos um percurso que vai dos inícios de sua reflexão sobre Brecht, passando por Piscator, pelo Brecht-poeta e suas influências expressionistas alemãs, em uma análise de suas ideias e teorias para chegar à práxis e à recepção/encenação de Brecht no Brasil. Concluímos o percurso com um exame das principais peças de Brecht e, como fecho, a partir da literatura alemã, as influências diretas que moldaram o teatro brechtiano. Por fim, coligindo pequenas notas que Rosenfeld publicava semanalmente no Suplemento Literário de *O Estado de S. Paulo*, transcrevemos algumas notícias e comentários que tornam presente sua ironia e bom humor na comunicação de informações julgadas oportunas e interessantes.

Como arremate para estas considerações sobre o legado de Anatol Rosenfeld, pode-se afirmar que, muito antes do início de seu trabalho específico na área teatral – que se deu em 1961 na cadeira de Estética, na EAD – Escola de Arte Dramática de Alfredo Mesquita –, ele sempre esteve atento tanto ao trabalho cênico quanto à dramaturgia e teoria brechtianos. Usando-se como marco o ano de 1929, em Berlim, até 1969 (data da última publicação), a duração desta admiração ativa perfaz um período de quarenta anos.

Nanci Fernandes

1. O TEATRO ÉPICO

O Teatro Épico[1]

O termo "teatro épico" vem sendo usado desde a década de 1920, depois de ter sido introduzido pelo diretor teatral Erwin Piscator (1893-1966) e por Bertolt Brecht (1898-1956). A palavra "épico" é usada na sua acepção técnica, significando "narrativo", que não deve ser confundida com a acepção popular, mais ou menos sinônima de "epopeia", poema heroico extenso, por exemplo a *Ilíada* ou *Os Lusíadas*. O termo "épico" refere-se a um gênero literário que abrange todas as espécies narrativas, ao lado da epopeia, do romance, da novela, do conto etc.

Assim, o teatro épico se contrapõe ao teatro dramático, ao teatro tradicional ou aristotélico. O teatro tradicional

---

1. Palestra ministrada em 9 de setembro de 1966 e publicada em *Ita Humanidades*, v. 3, 1967, p. 47-53.

reduz-se essencialmente ao diálogo interindividual, que é expressão de personagens em choque (embora se admitam, ocasionalmente, monólogos e apartes). O diálogo dramático é, precisamente, o recurso literário mais adequado para apresentar vontades contrárias que defendem valores e posições antagônicos. Tradicionalmente, o que em essência não pode ser articulado através do diálogo não existe para o teatro rigoroso, dramático. Desse modo, toda a realidade é reduzida ao diálogo interindividual, apoiado pela cenografia que tenta reproduzir o ambiente em que as personagens dialogam e atuam.

Segundo a concepção tradicional, o drama é ação que se desenrola agora, em plena atualidade: as personagens vivem o seu destino *agora*, pela primeira vez (e numa representação em série, toda noite é a primeira vez). Ou seja, os atores não reproduzem, narram ou relatam o destino de César, de Maria Stuart ou de Macbeth, mas vivem o drama deles, cada noite de novo, na atualidade da representação. Eles se transformam de tal modo nos heróis que desaparecem por completo, restando no palco apenas as personagens. A palavra "drama" significa "ação", ação atual, e não relato ou narração de uma ação passada. No drama aristotélico não há ninguém que possa narrar a ação: o autor está ausente, os atores se transformaram totalmente nas personagens que vivem, agora, o seu destino. Por isso mesmo, a ação forçosamente deve ter um decurso contínuo, sem saltos temporais (nem espaciais), visto não haver um narrador que possa selecionar as cenas a serem apresentadas ou manipular a deslocação espacial. A ação deve mover-se sozinha, sem a interferência exterior de um narrador, daí a necessidade do rigoroso encadeamento causal do drama aristotélico: cada cena deve motivar a próxima, o organismo dramático deve ter um motor imanente que garanta o desenvolvimento autônomo da fábula por força própria, isto é, pela motivação e determinação inexoráveis dos eventos, sem que nenhum narrador exterior dê corda ou se manifeste pela sua intervenção no decurso dos acontecimentos. O sentido dessa estrutura rigorosa, em si fechada, é o de enredar o público no enredo, levando-o de roldão pela inexorabilidade do movimento que suscite, através da verossimilhança máxima e da lógica interna, a ilusão da realidade. Graças a isso, o público se identifica intensamente com as personagens e suas situações, vive intensamente as suas emoções. Mercê da intensidade da participação emocional, o público sofrerá a descarga emocional, a libertação ou catarse. O público sairá do teatro aliviado e serenado, purificado das tensões e paixões excessivas. Facilita-se-lhe assim, pela vivência simbólica de paixões excessivas e pela descarga daí decorrente, uma conduta moral condizente com o termo médio ensinado pelo pensamento grego e, em especial, pela ética aristotélica.

O teatro épico não se atém a esse modelo rigoroso. Distingue-se pela sua estrutura mais aberta, repleta de episódios que não se integram na linha de uma ação una, contínua, de tempo reduzido e lugar fixo (ou seja, o teatro épico rompe as chamadas unidades de ação, tempo e lugar). Abre-se a um mundo maior pela própria variedade de tempos, lugares e episódios que apresenta e, dessa forma, ultrapassa o diálogo interindividual pela riqueza cênica, pela multiplicidade de elementos visuais e imaginários que tendem quase a se sobrepor à exposição puramente verbal, declamada. Há saltos no tempo e no espaço que pressupõem a intervenção de um narrador (mesmo que não explícito) que, sem se preocupar com a concatenação causal rigorosa da ação, seleciona de um tecido de eventos múltiplos, entrelaçados com outros eventos, os episódios que se lhe afiguram dignos de serem apresentados. Teatro épico, nesse sentido geral, surgiu com frequência na história do teatro – ao que parece, sempre quando a própria cosmovisão dificultava a redução do universo ao diálogo interindividual. O próprio teatro grego, para não falar do teatro medieval e barroco, apresenta o elemento épico-lírico do coro, que interrompe o diálogo interindividual e lhe amplia o horizonte.

Essa visão de um teatro épico, narrativo, é, apesar disso, por mais que viole as regras rigorosas de Aristóteles (melhor se diria: dos seus intérpretes), um teatro de pleno direito, tendo obtido maior fundamentação sistemática graças à teoria elaborada por Brecht. Tal concepção, entretanto, é apenas expressão da necessidade de o teatro moderno poder ultrapassar os limites do teatro tradicional a fim de assimilar e integrar, numa nova forma, o mundo atual ao nível da consciência moderna. Tudo isso é tanto verdade que um autor tão oposto a Brecht como Claudel, católico fervoroso, recorreu a formas de um teatro épico católico, de tradição medieval e barroca, para apreender cenicamente aquilo em que a visão católica coincide com a visão socialista de Brecht: a interdependência universal ou social dos seres e acontecimentos, o peso sobreindividual, meta ou infra-humano, que não pode ser absorvido e expresso pelo diálogo interindividual.

Sempre quando o teatro visa integrar o homem em amplos contextos universais ou sociais, impõe-se recorrer a qualquer tipo de recurso narrativo a fim de ampliar o mundo para além dos limites da moral individual e da psicologia racional, ou seja, para além dos limites do diálogo interpessoal. Isso se refere também àquele tipo de teatro que se esforça por apresentar os movimentos inconscientes da psique, os quais evidentemente não podem ser articulados no diálogo (que, por definição, é consciente). Desse modo, pode-se formular: na medida em que um mundo anônimo ou impessoal – quer infraconsciente, quer extraconsciente –, ou um mundo mais vasto do que o das relações interindividuais, ou ainda a vida cotidiana, corriqueira, que não se condensa em choques entre poderosas vontades opostas, são considerados de alta relevância na determinação do comportamento humano, ou que, por qualquer outra razão, se tornam centros de interesse, é impositivo recorrer a recursos que ultrapassam o diálogo interpessoal, puramente dramático. Tais recursos são, de uma ou de outra forma, narrativos ou lírico-épicos e foram conscientemente usados por autores como Paul Claudel e Thornton Wilder, ambos inspirados, em parte, pelo teatro asiático, de forte tendência narrativa, e pelo teatro medieval ou por certas correntes pós-medievais.

Todavia, foi sobretudo Brecht quem estabeleceu a teoria desse teatro, salientando as razões antropológicas de sua concepção teatral. Com base nesta sua filosofia do homem, afigura-se-lhe necessário apresentar não somente relações inter-humanas no seu palco, como também as determinantes sociais dessas relações. Visto o ente humano – segundo a sua concepção – ser o conjunto de todas as relações sociais, é impositivo recorrer à forma épica, única capaz de dar suficiente realce ao tecido social transindividual. Até agora, acentua Brecht, os fatores impessoais não se manifestaram na cena como elemento de peso, autônomos. O ambiente e os processos sociais eram vistos apenas da maneira como se pode ver a tempestade, ou seja, quando na superfície da água os navios içam as velas, notando-se então como se inclinam. Para se mostrar a própria tempestade, é imprescindível romper a estrutura rigorosa do drama aristotélico, o seu encadeamento causal e a ação linear, integrando a fábula num contexto maior. O peso anônimo das coisas, não podendo ser reduzido ao diálogo, exige um palco que comece a narrar.

Mas não é somente para ampliar o mundo cênico para além do diálogo que Brecht recorre ao teatro épico. Há uma outra razão, igualmente importante. O teatro deve ser épico, também, para corresponder ao intuito didático de Brecht, para esclarecer o público sobre a sociedade e a necessidade de transformá-la. O fim didático exige – segundo Brecht – que se elimine a ilusão, o impacto mágico do teatro tradicional, que, devido à sua estrutura peculiar, leva o público à identificação intensa com o mundo cênico e o convence da necessidade inexorável dos destinos apresentados. Esse transe, essa identificação emocional que induz o público a se esquecer de tudo, afigura-se a Brecht como uma das consequências principais da teoria da catarse, da purgação e descarga das emoções através das próprias emoções suscitadas. O público, assim purificado, sairia do teatro satisfeito, afirma Brecht; iria para casa convenientemente conformado, passivo, encampado no sentido do *status quo*, incapaz de uma ideia rebelde.

É evidente, contudo, que Brecht não se dirige contra a emoção, como erradamente se afirma muitas vezes. Nenhum homem de teatro jamais chegaria a uma concepção tão absurda. O que importa é não permanecer na mera efusão irracional, é elevar a emoção ao raciocínio, canalizá-la num sentido inteligente, lúcido.

O objetivo didático exige – segundo Brecht – que se dissolva o encadeamento rigoroso da dramaturgia tradicional. Tal encadeamento causal sugere a situação irremediavelmente trágica do homem, devido ao evolver inexorável da ação linear. Pela mesma razão, o homem não deve ser exposto como ente fixo, como "natureza humana" eterna e definitiva, porém como ser em processo, capaz de se transformar e de transformar o mundo. Por isso mesmo, dirige-se com veemência contra a concepção fatalista da tragédia. O homem não é regido por forças insondáveis que lhe determinam, para sempre, a situação metafísica. Ele depende, ao contrário, da situação histórica momentânea que pode ser transformada. O fito principal do teatro épico – tal como concebido por Brecht – é a "desmistificação", a revelação de que as desgraças do homem não são necessárias e eternas, mas sim históricas, podendo por isso ser superadas.

Pela atitude narrativa, portanto, o teatro épico obtém dois resultados fundamentais:

1. Amplia o seu mundo para além do mero diálogo interindividual (mediante a narração, explícita ou não explícita, por exemplo, projeção de filmes, música, coro, canções, pantomima, cartazes, comentários de vários tipos etc.).

2. Suspende ou interrompe a ilusão intensa e, com isso, a identificação do público com as personagens e situações cênicas, para fins didáticos. A narração implica, pela sua própria natureza, certa objetividade serena e distanciada em face do mundo narrado. O narrador não costuma estar envolvido na ação das personagens; a ação já aconteceu e a narração apresenta-se, em geral, no pretérito. Ademais, o horizonte do narrador é bem mais amplo do que o das personagens envolvidas

na ação, já que ele conhece todo o decurso do acontecido, ao passo que as personagens (dramáticas) vivem o momento atual, sem distância dela[2].

A atitude distanciada do teatro narrativo é reforçada por efeitos de distanciamento especiais que interrompem a ação dramática intensa, objetivam e criticam os eventos e o com-

2. A título de complementação, seguem as seguintes notas esparsas do acervo de Anatol Rosenfeld no tocante às diferenças entre o teatro tradicional e o brechtiano:

I. A Essência do Teatro (Literatura Dramática e Espetáculo)
1. A posição literária e a posição cênica. Esta última se manifesta em favor do espetáculo que apenas usa o texto literário como um dos elementos, entre muitos outros.
2. Análise da essência da literatura e da essência do teatro. O fenômeno da metamorfose do ator em personagem fictícia. O novo *status* da palavra. A literatura, arte auditiva; o teatro, arte audiovisual.
3. A estrutura do gênero dramático (enquanto literatura), sendo deficiente, por lhe faltar a função narrativa, exige a complementação cênica.
4. Dionísio, como deus da máscara, símbolo da metamorfose. A metamorfose e a identificação com a personagem, fenômeno que se refere tanto ao ator como ao espectador.
5. O significado antropológico da metamorfose. Só através da identificação com o outro o homem conquista a sua própria identidade. Só através dessa capacidade de empatia é possível a comunicação humana.

II. O Teatro Épico (As Concepções de Bertolt Brecht)
1. A essência do teatro impõe a posição central do homem, já que o teatro se comunica através do ator vivo, presente, transformado em personagem, e não através da mediação de imagens ou palavras escritas, gravadas ou transmitidas por meios técnicos.
2. Essa condição essencial costumava reduzir o teatro, tradicionalmente, ao diálogo interindividual, incapaz de assimilar a visão atual de um mundo cuja amplitude tende a impor concepções planetárias, cosmocêntricas ou sociocêntricas. Semelhantes concepções são irredutíveis ao individualismo que se exprime no diálogo interindividual. O teatro épico enriquece o diálogo interpessoal através de múltiplos recursos narrativos que ampliam a fábula individualizada, dando uma visão do contexto universal ou social em que o conflito individual se encontra inserido.
3. Bertolt Brecht tornou-se o teórico do teatro épico. Acrescentou ao propósito de dar à cena maior amplitude ainda a função didática, através de recursos de distanciamento baseados na maior objetividade do gênero épico, cujos meios narrativos são associados aos do gênero dramático. Este, como tal, na sua pureza, se afigurava a Brecht menos próprio para a tarefa didática, devido ao forte cunho ilusionista e à identificação intensa produzida pelo teatro tradicional.

portamento das personagens e revelam a historicidade e o condicionamento social das situações. Nesse sentido, são recursos importantes no afastamento a ironia, a paródia, o estilo caricato e grotesco, a elocução paradoxal e, principalmente, o desempenho específico que transforma o ator em "narrador" da personagem. Isto implica que o ator não se identifique inteiramente com o papel ou que, ao menos, saiba desidentificar-se em certos momentos, principalmente pela direção ao público, direção que, evidentemente, não é a da personagem fictícia (César não pode se dirigir ao público paulistano), mas sim a do ator como porta-voz do autor. Afastando-se criticamente da personagem, o ator se aproxima do público, entrando com ele num contato novo que, por sua vez, suscita na plateia um movimento de afastamento crítico, desidentificador com relação à personagem, enquanto trava relações novas com o ator, mas próximas dele, num tempo que já não é aquele do tempo fictício do enredo e sim o tempo empírico do momento histórico.

Este desempenho complexo (acompanhado de uma apreciação mais complexa por parte do público) naturalmente pressupõe um ator capaz de se identificar completamente com o papel, a fim de que tanto melhor possa marcar o distanciamento. Exige-se domínio artístico extraordinário de um ator que não dialoga somente com os seus companheiros cênicos, mas sim igualmente com o público. Com uma parte da sua existência histriônica, encontra-se em plena ação; com a outra parte, permanece (em certos momentos) à margem da ação, capaz de criticar a própria personagem graças ao horizonte maior que assume nesse momento enquanto narrador.

Todos estes processos visam suscitar no público uma atitude crítica. A plateia deve começar a estranhar aquilo que o hábito tornou-lhe familiar. As coisas que nos parecem muito familiares, e por isso naturais e imutáveis, devem ser distanciadas, tornadas estranhas. O que há muito não muda, parece imutável. A peça deve, portanto, caracterizar determinada situação na sua relatividade histórica para demonstrar sua condição passageira e mutável. A nossa própria situação, época e sociedade, devem ser apresentadas como se estivessem distanciadas de nós pelo tempo histórico ou pelo espaço geográfico (isto é, a *nossa* situação aparece no ambiente fictício da China – *A Boa Alma de Setsuan* –, da Finlândia – *O Senhor Puntila e Seu Criado Matti* –, da Guerra dos Trinta Anos – *Mãe Coragem* –, de uma remota lenda caucasiana – *O Círculo de Giz Caucasiano* etc.). Dessa forma, através da visão desfamiliar da própria situação, o público verá as próprias condições objetivadas, curiosamente deformadas, e lhes reconhecerá a relatividade e historicidade: notará, de repente, como que por força de um estalo de Vieira[3], depois de ter sorrido dos estranhos costumes e comportamentos dos chineses ou finlandeses, que de fato sorriu da sua própria situação, igualmente estranha e absurda. Assim, o público reconhecerá que as próprias condições são apenas relativas e, enquanto tais, fugazes e não "enviadas por Deus", podendo, pois, ser modificadas.

Demasiadamente identificados com a nossa situação, devemos vê-la a uma luz estranha para que cheguemos a conhecê-la realmente. A teoria é dialética: a anulação da familiaridade da nossa situação habitual, a ponto de ela se afigurar estranha a nós mesmos, transforma em grau mais elevado esta nossa situação, mais conhecida e mais familiar. Através do choque do não conhecer, é suscitado o choque do conhecer, a negação é negada. A função do distanciamento é, portanto, a de anular-se a si mesma – é um distanciamento que aproxima, como já foi exposto. Somente mercê do choque da incompreensão (momentânea) chegamos ao estalo da compreensão – compreensão crítica, con-

---

3. Na biografia *Vida do Apóstolo Padre Antônio Vieira da Companhia de Jesus*, de 1746, André de Barros afirma que o jesuíta, ainda quando aluno, apresentava e sentia limitações em seu entendimento. Grande devoto da Virgem Maria, Vieira iniciou fervorosa reza à santa "inflamado todo em desejos de saber". De repente, sentiu um estalo "tão forte que lhe parecia que morria". Esse estalo teria desembotado os sentidos de Vieira, dando-lhe "clareza de entendimento, agudeza de engenho e sagacidade de memória".

tudo, que não traz uma lição unilateral, mas que se reveste de suficiente ambiguidade para impor ao espectador um processo de reflexão própria, de tomada de consciência das contradições humanas e sociais. Para Brecht, esta compreensão, este conhecimento, não se encerram em si mesmos. Eles se ultrapassam em direção à práxis. É preciso compreender para empreender. O teatro épico de Brecht não se satisfaz em ser mero teatro, embora pretenda ser plenamente teatro. A sua arte extravasa da moldura do campo cênico-lúdico-estético. Invadindo a plateia, pelo apelo direto ao público, visa invadir a realidade. É uma arte que se entende determinada pela vida e que procura, por sua vez, determinar a vida.

Inícios do Teatro Épico[4]

A duas razões principais, aparentemente contrárias, deve-se à expansão do elemento épico no teatro do nosso século, ao ponto de alguns considerarem "antiquado" o drama aristotélico, cujo rigor formal ainda se manifestou, durante todo o século XIX, na chamada "peça bem feita".

Uma das razões é um excessivo subjetivismo e individualismo. A exaltação unilateral do protagonista, a quem já não se opõem antagonistas reais, rompe a relação inter-humana e, com isso, o diálogo, base do gênero dramático na sua pureza clássica. O drama torna-se monológico, apesar do diálogo aparente. É verdade, tanto o monólogo quanto o aparte são recursos também usados na peça rigorosa. Contudo, ainda não ameaçam a *situação* dialógica como tal, porque antigamente – como acentua George Lukács – neles nada se formulava que tornasse inexequível a comunicação. Precisamente a fácil comunicabilidade de certos fatos impunha o monólogo e o aparte para manifestar tais fatos à revelia das outras personagens. Bem diversa é a situação quando se usam esses recursos para exprimir experiências profun-

4. Originalmente publicado em A. Rosenfeld, *Teatro Moderno*, p. 138-143.

das que, por serem de natureza incomunicável, interrompem a situação dialógica. Em tais casos, que encontramos já em Hebbel, nos monodramas e visões oníricas de Strindberg, por vezes em Tchékhov e particularmente numa obra como *Strange Interlude* (Estranho Interlúdio), de O'Neill, o diálogo se transforma em mero acessório, por vezes em simples conversa convencional que isola as personagens, encobrindo em vez de comunicar, enquanto é através do "monólogo interior" que se manifesta a verdadeira realidade psíquica. O drama clássico pressupõe, antes de tudo, a "fraqueza" dialógica; se a revelação de "complexos" psíquicos incomunicáveis se torna o tema principal, impõem-se soluções que requerem a presença do autor-narrador.

A forma em que a dramaturgia subjetiva frequentemente se manifesta é o "drama de estações": o protagonista é levado ao longo de uma série de cenas sem nexo causal e sem encadeamento rigoroso. A unidade, não sendo a da ação e muito menos a de espaço e tempo, é a da personagem central que reflete o autor-narrador e a partir do qual, numa perspectiva tipicamente épico-lírica, se projetam os acontecimentos e as outras personagens. Encontramos esse tipo de teatro no *Fausto*, de Goethe, em *Peer Gynt*, peça planejada por Ibsen como epopeia, em boa parte da obra dramática de Strindberg e Wedekind e, particularmente, nas peças expressionistas de Georg Kaiser, Hanns Johst, Ernst Toller e mesmo do jovem Brecht (*Baal* e *Tambores na Noite)* e de Reinhold Sorge, cujo *Mendigo* (1910) marca o início do expressionismo dramático, e na qual destaca que ele, autor, se identifica com o mendigo. O *outcast* (marginal) torna-se a personagem central do drama expressionista – figura que, pela sua própria condição social, está em situação monológica. O drama se dissolve em manifestações líricas do autor materializado no protagonista, que percorre as "estações" da sua vida à procura do próprio Eu ou de uma visão utópica. Tudo se reduz a ilustrar, através de dezenas de quadros cênicos, as visões do herói, fato que introduz um forte elemento de revista no teatro expressionista. É característico que o solipsismo, longe de configurar o indivíduo na sua plenitude concreta, leva precisamente ao seu esvaziamento e abstração. Pois a pessoa somente se define na inter-relação humana. Esse idealismo subjetivo acaba transformando todo o mundo em projeção deformada e construção utópica de um "indivíduo transcendental", isto é, de uma subjetividade abstrata e despersonalizada. Contudo, essa abstração e deformação é ponto programático do expressionismo. "Tudo é real, somente o mundo não o é..." (Albert Ehrenstein). "O que não é Eu, não é..." (Reinhard Goering).

A outra razão principal do teatro épico é precisamente contrária (embora de consequências idênticas): em vez do predomínio da subjetividade do protagonista, prevalecem o mundo impessoal, o "ambiente", a hereditariedade, as forças anônimas. Ambos os extremos desautorizam o diálogo, o primeiro porque no fundo tudo se reduz a um solilóquio, o segundo porque a personagem central – o ambiente – é uma entidade impessoal. Mesmo se conseguisse traduzir a pressão das coisas em diálogo humano, o autor pecaria contra o próprio sentido da sua concepção, segundo a qual os fatores infra-humanos – há muito transformados em poderes meta-humanos – ultrapassam e desqualificam a pessoa. Em ambos os casos, o recurso é a introdução de elementos épicos: a progressão da obra, que deixou de depender do entrechoque entre protagonistas e antagonistas (expresso no diálogo), é assegurada pela intervenção do narrador.

A dissolução da forma dramática tradicional no teatro expressionista é demasiadamente evidente para que seja necessário exemplificá-la. Bastará, para isso, o exemplo de duas peças naturalistas do jovem Gerhart Hauptmann. A sua obra de estreia (1889) chama-se *Vor Sonnenaufgang* (Antes do Nascer do Sol), tendo o subtítulo característico de "Drama Social". A peça apresenta uma família de camponeses da Silésia, corrompida pelo alcoolismo e pelo ócio a que se entrega depois da descoberta de carvão na sua propriedade. O vício transforma as personagens em seres passivos e inarticulados. A única pessoa pura, a filha mais jovem, vive isolada e, por assim dizer, emudecida. Trata-se de uma "situação" em que não há propriamente relações humanas e que não oferece nenhuma possibilidade de uma progressão dramática autônoma. Toda ação dramática, desenvolvida a partir desta situação, forçosamente a falsificaria, dando movimento e devir atual a um "estado de coisas" que, na própria intenção do dramaturgo, deve ser estagnação, modorra, uniformidade compacta. O recurso – hoje muito difundido – que Hauptmann usa para "dar corda" a este mundo coagulado é tipicamente épico: um pesquisador social visita a família, cuja situação, tornada objeto de investigação, é revelada ao espectador a partir da perspectiva do estranho. Essa perspectiva narrativa é, no fundo, a do autor que se identifica com o sociólogo. Declara-se exatamente a atitude épica definida por Schiller: "A ação dramática move-se diante de mim, mas sou eu [no caso, o sociólogo, e com ele o público] que me movimento em torno da ação épica que parece estar em repouso".

Um "clássico" do teatro épico é *Die Weber* (Os Tecelões, 1892), do mesmo Hauptmann, peça que, depois de *Woyzeck*, de Büchner, é certamente o maior drama social da literatura alemã. A obra literalmente "descreve" a revolta dos tecelões da Silésia (1844) ou, mais propriamente, a situação econômico-social que provocou a revolta. Uma série de "quadros" sem encadeamento causal e sem progressão inerente é "escolhida" pelo autor (já que a própria dialética das cenas não assegura o desenvolvimento) para "ilustrar" as condições de desamparo, sofrimento e impotência em que se debatem os tecelões. É precisamente o caráter largo, épico, disperso do desenho que consegue concretizar a atmosfera opressiva e pesada, essencial ao propósito desse drama. Também nessa peça são introduzidas personagens estranhas ao ambiente para que se justifique a descrição dele. Dessa forma, o texto se dissolve, no fundo, numa série de comentários, monólogos e perguntas sem resposta. Em cada cena surgem novas figuras, de modo a não haver uma continuidade progressiva, à base de um núcleo de personagens que impulsionem a ação, mas o esboço episódico de um estado simultâneo e de personagens que vivem "lado a lado", mas não em comunicação. A descarga emocional do coletivo parcelado não se manifesta através do diálogo, mas do coro que, no Canto dos Tecelões, dá vazão às tensões acumuladas.

Aplica-se a esta forma aquilo que Alfred Doeblin disse da obra épica: ao contrário do drama, ela poderia ser "cortada pela tesoura em vários pedaços que, ainda assim, se mantêm vivos como tais". Até agora – diria Brecht – o mundo-ambiente não surgiu como elemento autônomo. Ele se tornou visível graças à reação do herói em face do mundo: "O ambiente foi visto como se pode ver a tempestade quando numa superfície de água os navios içam as velas, notando-se então como ela se inclina". Hoje porém, prossegue Brecht, a fim de se *compreender* os acontecimentos (em vez de apenas ficar hipnotizado por eles), é preciso acentuar, de uma forma ampla e significativa, este mundo-ambiente (a tempestade que inclina as velas). Isso somente é possível quando o "palco começa a narrar".

É desnecessário dizer que a peça de Hauptmann não tem propriamente um fim, exigência fundamental no drama clássico; nem poderia tê-lo, porque sua pretensão não é apresentar um microcosmo cênico autônomo que, como tal, tem princípio e fim no palco. Sua pretensão é apresentar uma "fatia" da realidade; não uma pequena totalidade em si, mas uma parcela "real" de uma realidade parcelada. Não é a peça como tal que se finda (pois a realidade continua), mas é o narrador quem dá por encerrada a peça num momento arbitrariamente escolhido (sem que se saiba do resultado da revolta), quando uma personagem "inocente", introduzida no último (5º) ato, morre atingida por uma saraivada de balas.

Vários outros momentos acentuam o caráter do teatro naturalista. Em *Os Tecelões*, em particular, há uma atitude de compaixão do dramaturgo, atitude que implica certa distância épica do autor em face das personagens que, em vez de atuarem por si, são "mostradas" a partir da perspectiva da piedade. Essa atitude "demonstrativa", aliás, é bem típica para o autor burguês que escreve para um público

40

burguês sobre o proletariado. É preciso mostrar, explicar, comentar e descrever o ambiente em que vive essa classe "desconhecida". Na peça clássica e mesmo na tragédia burguesa posterior não há essa "distância". Autor, personagens e público se confundem numa unidade de escol, refletindo-se mutuamente. O mesmo caráter demonstrativo se manifesta também no uso do dialeto e da gíria: "Ouçam bem", parece dizer o autor, "estudei a fala desta gente"[5].

A discussão do problema, longe de visar a intuitos normativos e juízos de valor, tem o único fito de esclarecer as razões que levaram finalmente, no caso por exemplo de Piscator e Brecht, ao uso consciente de formas épicas, depois de uma fase em que os autores se serviam delas inconscientemente ou com a consciência atribulada. Ainda Hauptmann julgou necessário defender-se contra a crítica de ter "dissolvido" o drama devido à forte componente épica: "Muitas vezes censuraram a forma épica aparente dos meus dramas. Injustamente. *Os Tecelões*, por exemplo, tem sem dúvida uma curva dramática. Do 1º ao 4º atos há uma elevação cada vez maior da ação; no 5º ato segue-se a queda".

Observa-se que Hauptmann usa o termo "dramático" no sentido de "curva dinâmica" ou "ação tensa". Ninguém nega ao teatro épico a possibilidade de ser, nesse sentido, dramático. Como jogos de futebol, há também romances "dramáticos" que, nem por isso, deixam de ser romances.

O Teatro de Piscator[6]

Entre os homens que tiveram influência decisiva no desenvolvimento do "teatro épico", deve-se destacar o diretor alemão Erwin Piscator (nascido em 1893). Desde cedo ligou-

---

5. Peter Szondi em *Theorie des modernen Dramas* (Teoria do Drama Moderno), Frankfurt: Surkamp, 1956, estuda este e outros aspectos do teatro épico (N. do A.).

6. Originalmente publicado em A. Rosenfeld, *Teatro Moderno*, p. 143-149.

-se à esquerda radical, e é nesse contexto que se deve ver o seu teatro revolucionário durante a década de 1920, fase que unicamente interessa aqui. Com a vitória do nazismo, Piscator emigrou para os Estados Unidos, onde descobriu Marlon Brando, teve por discípulos Tennessee Williams e Arthur Miller e encenou peças de Brecht, Sartre, Klabund e outros. De volta à Alemanha, recomeçou o seu trabalho, tendo alcançado grande êxito em Hamburgo, com a encenação de uma peça de Strindberg.

Piscator inicou a sua atividade em Berlim com o Teatro Proletário (1919) que, inspirado pelo movimento russo Proletkult[7] e por teóricos como Bogdanov e Kershensev, visava a "acentuação e propagação consciente da luta de classes". As encenações, em vez de arte, deveriam ser apelos, "semelhantes ao estilo de um manifesto de Lênin". Todos os apetrechos se encontravam num carrinho de mão com o qual Piscator, um Téspis[8] moderno, percorria os bairros proletários de Berlim.

Esse teatro não durou muito, devido a dificuldades econômicas e à própria oposição do Partido Comunista, que, através do seu órgão central, afirmou que "a arte é uma coisa muito sagrada para servir a fins de propaganda". Tanto Piscator, como mais tarde Brecht viviam em atrito frequente

7. Proletkult é a abreviatura da expressão russa *proletarskaya kultura* (пролетарская культура), que significa "cultura proletária". Movimento literário surgido na Rússia em 1917. Entre seus criadores estão o teórico Alexander Bogdanov e o poeta Mikhail Gerasimov. Durante sua existência, reuniu de artistas decadentes a futuristas. De origem popular e manifestamente contrário à cultura burguesa, o movimento incentivava a produção de uma literatura de cunho social e político que fosse acessível ao povo, embora sem nenhuma vinculação ao governo ou ao Partido Comunista. Esse isolamento da situação política e econômica foi um dos motivos que levaram à extinção do movimento. A partir de 1920, o Partido Comunista, então no poder, passou a criticar publicamente o Proletkult. Assim, sem uma ideologia firme que o sustentasse e com a antipatia do governo, o movimento teve fim por volta de 1923.

8. Ator grego do começo do século V a. C. Segundo as escassas informações a seu respeito, teria começado a representar em um Coro, chegando a ser líder de um deles. Viajou pela Grécia, sozinho ou com seu Coro, numa carrroça que mais tarde ficaria conhecida como "carro de Téspis", que lhe servia de transporte e de palco para as suas apresentações.

42

com o partido devido à linha estética sinuosa deste, cuja insegurança já então se manifestava no antagonismo entre Kershenzev e Lunatchárski. Hoje, a obra cênica de Piscator é considerada oficialmente como a de "um pequeno burguês radical", vítima de uma "concepção grosseira do materialismo dialético".

Em seguida, Piscator passou a trabalhar nos grandes teatros de Berlim, elaborando de modo original certas sugestões de Meierhold. Nas encenações que o tornariam famoso, orientou-se pela ideia do teatro épico, que encontrou nele, talvez, o primeiro representante consciente. Aplicou ao palco – e influenciou por sua vez – as concepções do *Neue Sachlischkeit* (novo realismo) – termo entendido no sentido literal como acentuação das "coisas" e, mais de perto, das forças impessoais. Opondo-se, com esta escola, ao subjetivismo expressionista, esforçava-se por demonstrar a supremacia dos processos econômicos e da técnica sobre a pessoa humana: "O fator heroico da dramaturgia moderna já não é o indivíduo com o seu destino pessoal [...] O homem no palco tem, para nós, o significado de uma função social". O domínio temático dos fatores objetivos não permitiria a sua redução ao diálogo inter-humano, exigindo a introdução do elemento épico, isto é, do narrador, representado principalmente pelo comentário cinematográfico, que se encarregava de "documentar" o plano de fundo social que determina os acontecimentos. Já não se tratava, portanto, de realçar "a curva interna da ação dramática, mas o decurso épico [...] da época desde as suas raízes até as suas últimas consequências. O drama importa-nos na medida em que pode apoiar-se no documento."

A ideia do drama documentário impunha, por sua vez, uma "ligação entre a ação cênica e as grandes forças atuantes da história" – concepção que contradiz os princípios do drama rigoroso. Este constitui o seu próprio universo autônomo, em si fechado, universo que pode simbolizar o mundo empírico, mas que nunca pode fazer parte dele, como se o palco fosse o seu prolongamento.

O "decurso épico da época" somente poderia ser levado ao palco, segundo Piscator, em forma de reportagem ou "revista", numa apresentação simultânea e sucessiva de um sem-número de quadros. Antecipando-se aos processos cinematográficos de Dos Passos e Doeblin (que logo iriam reforçar-lhe a tendência), encenou, em 1924, a peça *Bandeiras*, de Alfons Paquet, que já trazia o subtítulo "drama épico", encenação que Piscator julgou ser "a primeira tentativa consequente de interromper o esquema dramático, substituindo-o pelo processar-se épico dos acontecimentos". Trata-se de uma sequência solta de cenas, quase se diria planos e tomadas, em torno do julgamento, em Chicago (1886), de seis chefes anarquistas que foram condenados à forca. A sequência cênica estava cercada de um amplo aparelho de comentários épicos: um prólogo caracterizando as várias personagens e a projeção das suas fotos; após cada cena – interrompendo propositadamente a "ilusão" – apareciam sobre dois planos laterais textos condensando a lição da cena. Concomitantemente, Piscator começou a aplicar sua teoria de que o ator não deveria identificar-se inteiramente com o seu papel (ideia já antecipada por Meierhold e elaborada por Brecht).

Já antes, Piscator encenara uma revista política, sequência desordenada de cenas unidas pelas discussões de uma dupla – o proletário e o *Bourgeois*; discussões se iniciavam na plateia, com o fito de derrubar as barreiras entre palco e público. Todos os recursos da "agitação" foram empregados: música, *chansons*, acrobacia, projeções, um caricaturista-relâmpago, alocuções etc.

Em 1925, seguiu-se um monstruoso "drama documentário", em homenagem aos líderes comunistas Karl Liebknecht e Rosa Luxemburgo, assassinados em 1919. Tratava-se de uma gigantesca montagem de discursos, proclamações, recortes de jornais projetados, filmes documentários, tudo isso acompanhado de *hot jazz*[9], a cargo de E. Meisl. O cenário era

---

9. Expressão usada para caracterizar o *jazz* mais tradicional. Em termos jazzísticos, *hot* não significa o contrário de *cool*.

uma estrutura irregular em forma de terraços, montada no disco giratório do Grosses Schauspielhaus (construção anfiteatral para cinco mil espectadores). As massas de figurantes distribuíam-se por patamares, estrados, nichos, reproduzindo-se em certa cena toda uma sessão do Parlamento, conforme os protocolos. O êxito foi tremendo. A imprensa acentuou que o teatro se transformara numa única plateia, "um único campo de batalha, uma única grande manifestação". Quando Liebknecht é preso e a massa o permite sem reagir, "o público uiva de dor e autoacusação".

É importante salientar que Piscator usava as projeções não apenas como comentários e elementos didáticos, mas também como ampliação cênica e plano de fundo, logo, geográfico, logo, histórico, para relacionar o palco com a realidade contemporânea da peça. Na encenação da peça *Le Batteau Ivre* (O Barco Ébrio) baseada em Rimbaud, o palco foi rodeado de três imensas áreas de projeção, nas quais desenhos de George Grosz ilustravam o ambiente social da França de 1870. O mesmo princípio de ampliação épica, dessa vez com recursos apenas cênicos, foi aplicado a *Ralé*, de Górki (o qual se recusou a colaborar). O asilo dos desclassificados foi transformado em parte de um *slum* (rua suja de cortiço), e o tumulto no quintal numa rebelião de todo o bairro. Levantando ou baixando o teto do asilo – desvendando ou encobrindo, assim, o vasto plano citadino –, Piscator obteve o efeito de interpenetração entre o asilo e o ambiente metropolitano:

Em 1925, eu já não podia pensar nos limites de um quarto apertado com dez pessoas infelizes, mas somente em termos do moderno *slum*... O que estava em foco era o conceito do *Lumpenproletariat*[10]. Tive de ampliar a peça nos seus limites para dar forma a este conceito.

10. Na sociologia marxista, a palavra designa a camada social carente de consciência política, constituída pelos operários que vivem na miséria extrema e por indivíduos que vivem direta ou indiretamente desvinculados da produção social, e que se dedicam a atividades marginais, como, por exemplo, o roubo e a prostituição.

É nítida, nesse processo, a intervenção do "eu épico", não do autor, mas do diretor que aponta para a cena, revelando que o asilo é apenas uma "fatia" de uma realidade social de amplitude imensa.

Também para ilustrar a passagem do tempo, Piscator recorreu ao filme. Numa peça de Ernst Toller, o protagonista, depois de oito anos de hospício, defronta-se com o mundo de 1927. Um filme de introdução mostrava o desenvolvimento histórico durante esses anos, baseado num manuscrito especial com quatrocentos dados de todos os campos da vida. Se esse filme apresentava o "conteúdo" do tempo passado, um filme abstrato (depois não apresentado) deveria simbolizar a passagem formal do tempo: uma área negra dissolvendo-se em figuras geométricas.

Típica para a tecnicização cênica, usada conscientemente para realçar a supremacia das "coisas", era a cena do radiotelegrafista, em que se coordenavam diálogos, transmissões por alto-falantes, projeções juntamente com um filme de raios-x e a sincronização das batidas de coração de um aviador. O palco estava ocupado, na ocasião, por uma enorme construção de aço, de vários andares, onde se desenvolviam cenas simultâneas por trás de paredes transparentes.

A hipertrofia da técnica e a arbitrariedade do diretor transformado em figura máxima do teatro, provocaram inúmeros protestos de autores e atores. Às oito cenas originais da peça *Rasputin*, de Alexei Tolstói, o time Piscator-Gasbarra-Leo Lania (às vezes reforçado por Brecht) acrescentou mais dezenove cenas. Para as projeções havia, nessa peça, várias telas e cortinas de gaze, enquanto em outras peças os filmes eram projetados sobre um enorme plano de jornais ou sobre cartazes e bandeiras de manifestantes que desfilavam ininterruptamente sobre o palco.

Uma das melhores encenações de Piscator foi a do *Soldado Schweik*, de Jaroslav Hazek. Para reproduzir o fluxo épico do romance, usou várias faixas rolantes de movimento contrário, nas quais deslizavam personagens, marionetes e cenários, incluindo os praticáveis, o que produziu um efeito extremamente cômico. O ambiente dos fantoches foi criado por Georges Grosz, em cujos esboços se baseava também um filme de desenhos projetado na ocasião, reforçando outra fita realizada num automóvel que, com molas quebradas, percorrera as ruas de Praga.

O teatro de Piscator foi largamente discutido, particularmente em círculos marxistas, cuja ala soviética, hoje, nega a importância das inovações. Pode-se discutir se o filme, como tal, se aproxima mais do gênero épico ou dramático (o seu princípio fundamental, evidentemente, é narrativo); não há dúvida, porém, de que, aplicado ao teatro, contribui para a epicização do palco, no caso de Piscator já em si levada a tais extremos que pouco resta da forma dramática rigorosa.

Até hoje os teóricos não chegaram a uma conclusão sobre se o teatro de Piscator, em vez de traduzir as suas tendências didáticas – depois desenvolvidas por Brecht –, não seria, ao contrário, um teatro superilusionista que hipnotiza o público ao invés de ativá-lo. Piscator está convencido de que a maior comunicação entre palco e plateia, isto é, a maior participação do público na ação cênica, destrói o ilusionismo do teatro "burguês", devido à interpenetração de tempo e espaço cênicos e empíricos (uma alocução dirigida ao público, como por exemplo em *A Compadecida*, "mistura" o tempo e o espaço do palco com os da plateia). A mesma opinião parece ter sido abraçada por Eisenstein, que, no anseio de aproximar da plateia o mundo fictício da tela, empenhava-se em favor do cinema de três dimensões.

Teatro Político, *de Erwin Piscator*[11]

Essa já clássica obra de um dos grandes inovadores do teatro moderno, cujas concepções sobre o teatro épico, didático e

---

11. Manuscrito sem data. Resenha da edição brasileira de *Teatro Político*, Rio de Janeiro: Civilização Brasileira, 1968.

documentário influíram fortemente nas teorias de Brecht e nas ideias de muitos dramaturgos contemporâneos interessados num teatro político atuante, foi publicada originalmente em 1929, ocasião em que a agressividade de numerosos grupos nazifascistas já tinham tornado difícil a atividade do famoso encenador alemão. A edição refundida da obra, em 1962, após a volta do diretor exilado à sua terra, longe de representar mera homenagem, preenche uma lacuna há muito sentida tanto pelos estudiosos como pelos expoentes atuantes do teatro contemporâneo.

A boa versão em vernáculo de Aldo Della Nina, na série "Teatro Hoje", dirigida por Dias Gomes, permite ao leitor brasileiro tomar conhecimento não apenas de um dos movimentos cênicos mais vigorosos da década de 1920, mas também dos múltiplos problemas com que se defronta um teatro político radical num país capitalista.

Apoiado embora em organizações destinadas a facilitar aos operários o acesso ao teatro, Piscator teve de verificar que a fraca capacidade econômica dos operários alemães da época não lhe permitia sustentar um teatro que se destinasse essencialmente ao proletariado. Uma das contradições de muitos países chamados democráticos é o fato de bens culturais tão importantes como o teatro não serem acessíveis a vastas camadas do povo, não só por causa do preço da entrada, mas também por toda uma série de outros fatores econômico-sociais e educacionais que marginalizam os operários e camponeses e os mantêm afastados ou mesmo desinteressados dos valores e fontes de conscientização. Daí a necessidade de compromissos, mesmo por parte dos diretores teatrais mais bem intencionados, e a irônica observação de críticos mais ou menos malévolos de que o teatro revolucionário de Piscator atraía principalmente uma burguesia sofisticada, ávida de "novidades" cênicas. Por isso mesmo, Piscator defendia o ponto de vista de que "um teatro proletário só podia ser constituído como teatro das massas, como teatro de três ou quatro mil lugares" (p. 143). Piscator, entretanto, não percebe nitidamente que a simples redução dos preços da entrada não basta para atrair o proletariado, que se torna necessária uma modificação total da sua situação e participação na sociedade para que possa tornar-se frequentador regular do teatro. Nesse problema miúdo refletem-se, como se vê, problemas muito mais amplos que envolvem a estrutura total da sociedade.

As concepções cênicas de Piscator decorrem da ideia central do teatro como instituição político-didática. Conscientemente, subordinou a esta ideia à da arte: todos os recursos estéticos e técnicos deveriam ser postos a serviço da função política do teatro. Visando a apresentar e analisar didaticamente a situação do homem do nosso tempo, para torná-lo capaz de transformá-la ("Não entendo o teatro apenas como espelho da época, senão como meio para mudar a época", p. 208), supunha ser necessário mostrar no palco a vasta trama de fatores condicionantes, derivando deles o destino individual. Daí o levantamento de amplas construções metálicas no palco, o uso do horizontal e vertical (elevadores e faixas rolantes), da cena simultânea e, particularmente, do filme, tanto de ficção como documentário. O filme, assumindo a função de uma espécie de coro, destinava-se sobretudo a ampliar o quadro histórico para além do enredo individual. Todos os recursos da "comunicação audiovisual", ao nível dos últimos progressos dos meios de comunicação, deveriam ser mobilizados para interpretar o complexo mundo contemporâneo (houve, no caso, certos excessos, certamente mais justificados, ante os complicados mecanismos do mundo capitalista a serem representados, do que os cometidos por Flávio Império na sua encenação barroca e esteticista da *Senhora Carrar*, de B. Brecht). A transformação do palco fixo em palco móvel, através de faixas rolantes, era de fato imprescindível não só para assimilar à cena a estrutura narrativa de um romance (*As Aventuras do Bravo Soldado Schweik*), mas também para comunicar a visão piscatoriana do mundo moderno, que não lhe parece coadunar-se com o palco fixo e com a sucessão de cenas isoladas daí decorrente.

Rebatendo as críticas que o acusaram do uso excessivo de engenhos, Piscator declarou que "para mim a técnica nunca foi um objetivo em si mesmo. Os meios que eu tinha empregado e ainda estava prestes a empregar não deveriam servir ao enriquecimento técnico do aparelhamento cênico, e sim à elevação do cênico ao histórico" (p. 157).

Particularmente o já mencionado emprego de projeções de filmes – frequentemente combatido pelos defensores de um "teatro puro" – tornou-se, desde então, corriqueiro. O fato é que Piscator pouco se incomodava com a pureza estilística do seu teatro. O que importava era a eficácia da mensagem política:

Em nenhum dos meus espetáculos me deixei jamais guiar por um estilo qualquer, no sentido da rígida conceituação de arte. Em cada momento, o estilo era para mim coisa inteiramente secundária. O que me preocupava sempre era a extrema intensificação do efeito, e verdadeiramente do efeito real, tal como nasce do assunto (efeito esse que, na escolha certa do material, é idêntico ao efeito político). Para conseguir o efeito, tirei os meios de onde quer que os encontrasse, melhorei meios teatrais, aproveitei meios estranhos ao teatro. Mas, com o tempo, nasceu, em certo sentido, uma maneira especial no uso de tais meios, nasceu um "estilo". Muita gente confundiu esse estilo com os meios, chamando-o de "técnico". Muita gente percebeu corretamente que este estilo se ligava inseparavelmente ao princípio político, já que a ideia faz o estilo adequado (p. 244).

Essa ideia do teatro político levou-o a admitir qualquer recurso de propaganda cênica, na convicção profunda de difundir a verdade tal como a concebia. De modo algum admitiria que pudesse prejudicar a arte ao pô-la a serviço da sua visão política: "Ficou provado que o efeito mais forte de propaganda política estava na linha da concretização artística mais forte" (p. 84). Embora fazer arte não fosse a meta primeira de Piscator, ele estava convencido de que a virulência política almejada só poderia ser obtida mercê do máximo vigor artístico.

2. BRECHT E A TEORIA TEATRAL

B.B.[1]

Fora da Alemanha, Bertolt Brecht é conhecido, quase exclusivamente, como um dos grandes renovadores do teatro moderno. Fala-se muito do seu teatro anticulinário ou antiaristotélico, da sua teoria cênica que se opõe ao palco mágico, destinado a hipnotizar o público e a suscitar-lhe efusões sentimentais e emoções gratuitas. O teatro didático de Brecht, bem ao contrário, procura estimular no público uma atitude de crítica e vigilância, propícia ao raciocínio e à análise dos problemas sociais.

---

1. Posfácio publicado em Bertolt Brecht, *Cruzada de Crianças* (trad. de Péricles Eugênio da Silva Ramos, ilustrações de Gerson Knispel, apresentação de Tatiana Belinky e posfácios de Anatol Rosenfeld e Sérgio Milliet), São Paulo: Brasiliense, 1962.

Na própria Alemanha, o *poeta* B.B. é tido em tão alta conta quanto o dramaturgo. Mesmo os porta-vozes dos últimos movimentos vanguardeiros admitem a importância da poesia de Brecht. Ainda quando adversários das suas ideias políticas, colocam-no entre os primeiros poetas alemães deste século. A razão disso é que B.B. é um renovador audaz dos processos poéticos, mestre consumado da língua alemã. Sem dúvida, para Brecht o propósito didático é de importância primordial; deseja difundir, em meio da miséria dos horrores da guerra, uma mensagem de esperança: os males não são eternos, a paz e a bondade não são sonhos e utopias; o mundo e a sociedade são mutáveis; é possível transformar o homem. Explica-se daí a ênfase com que combate o teatro trágico, na medida em que concebe o homem como um ser sujeito a um destino imutável, eterno. *Herr* Keuner, personagem central de uma série de anedotas narradas por Brecht, certa vez é cumprimentado por um conhecido com quem há muito não se encontrava. "O senhor não mudou nem um tiquinho", exclama o conhecido. "Ai!", disse o Sr. Keuner, e empalideceu.

No entanto, é a mensagem que distingue Brecht; muitos a anunciaram e difundiram. O que o distingue é a maneira como a apresenta, é a luta pela expressão, é o esforço incessante de torná-la viva e humana através da palavra, através de uma arte que, no seu rigor, não admite soluções fáceis. Bem antes de ter descoberto o marxismo, Brecht já era poeta; e depois de ter escolhido o materialismo dialético como a convicção de sua vida, ele continuou poeta, mantendo o alto padrão do seu ofício. Brecht é, nesse sentido, um elevado exemplo de lealdade aos dois compromissos que assumiu: o político-social e o estético. Apesar de todas as colisões e antinomias envolvidas, estes dois imperativos acabam fundidos num só: o de um moralismo que concebe o severo ofício do artista como parte inseparável das aspirações humanas. Precisamente por isso, o puro jogo formal é inadmissível para Brecht; a renovação formal recebe as suas diretivas da realidade em desenvolvimento. O que Brecht exige é a transformação *produtiva* das formas, baseada no desenvolvimento do conteúdo social. Mas este desenvolvimento material, por sua vez, *exige* a transformação dos processos formais. Isso explica a pesquisa incansável de Brecht, no terreno da palavra, do estilo, do verso, do ritmo, da cena, do desempenho do ator, da estrutura da sua arte. Essa pesquisa e experimentação incessantes não deixaram de render-lhe censuras e a acusação de ser formalista e esteta, quando na realidade a consciência social e a consciência estética se lhe afiguram inseparáveis. O poeta que trai os valores estéticos, isto é, a sua honra profissional, é, no fundo, um traidor da sua consciência social. E o mesmo vale para a atitude contrária: a falta de consciência social levará a um jogo gratuito com formas vazias e inexpressivas. Entre as anedotas já mencionadas há uma, com o título "Forma e Matéria", em que *Herr* Keuner, ao contemplar um quadro, verifica que, no esforço unilateral dedicado à forma, se perde muitas vezes a "matéria". Certa vez trabalhava a serviço de um jardineiro que o mandou podar um loureiro. A árvore, plantada num pote, costumava ser alugada por ocasião de festividades. Para esse fim, devia ter a forma de uma esfera. Contudo, por mais que o sr. Keuner se esforçasse para dar à planta a forma esférica, durante muito tempo não obteve êxito. Logo cortava demais de um, logo demais de outro lado. Quando finalmente conseguira o intento, a planta se reduzira a uma bolinha. O jardineiro, ao apreciar a obra, disse decepcionado: "Bem, isto é uma esfera, mas onde ficou o loureiro?"

Desde cedo o jovem Brecht, embora oriundo de família bem burguesa, se dirige contra o mundo burguês, certamente revoltado pela Primeira Guerra Mundial. Essa rebeldia, de início puramente anárquica, exprime-se na exaltação da vida marginal dos aventureiros, rufiões, malandros e prostitutas – vida de vícios mas, ao mesmo tempo, estranhamente inocente. O exotismo dos esgotos, o misticismo do lodo, são a expressão paradoxal e cínica de um intenso anseio de pureza – pureza que a moral da burguesia lhe parece ter corrompido. O mundo poético do jovem Brecht transborda dos sons, aromas e cores violentas de Villon, Baudelaire e Rimbaud. Nota-se a influência das baladas que Wedekind cantava nos *Kabaretts* literários de Munique, assim como de certa atitude, rude e negligente, típica dos *songs*[2] de Kipling e da tradição norte-americana. Frequentemente, imita e transpõe, ao narrar as aventuras escabrosas dos seus vagabundos "desabrigados", formas da balada popularesca, do *Baenkaelgesang*. O termo vem do banquinho no qual costumavam subir os cantadores das feiras ou parques de diversões para apontar com a vara os toscos quadros pintados sobre oleados. Assim, ilustravam ao som do realejo a narração versificada dos crimes horripilantes cometidos por algum bandoleiro famoso. Temos, ainda na *fausse naïveté* (ingenuidade fingida) da *Cruzada Infantil* (1939), numa fase bem posterior, um eco dessas experiências. E as ilustrações, embora nada tenham do estilo da feira, bem que se justificam a partir da tradição da balada popularesca.

Ao adotar os princípios do marxismo, o poeta passa por uma transformação. A linguagem, pouco a pouco, torna-se mais seca e sóbria, passa por uma espécie de esfriamento. O sentimento elegíaco do jovem burguês, o forte elã poético, não são eliminados; a disciplinação do impulso anárquico, a sua compressão pela linguagem metálica das metrópoles, dura, fria e concisa, dá a esta nova poesia um cunho surdo e explosivo. Pedaços de jargão, provenientes da técnica, da bolsa de valores, dos esportes, das ciências naturais e sociais refletem, no *medium* da língua, o dilaceramento do homem moderno. Esses blocos linguísticos modernos entram em atrito com outros níveis estilísticos, ora com a ênfase de uma linguagem bíblica estilizada, ora com uma fala tosca e primitiva, às vezes dialetal ou arcaica. É como se no próprio campo energético da língua se manifestassem os desenvolvimentos históricos e as profundas contradições da nossa

2. *Song*: música com letra, canção.

sociedade. A paródia desmascara a mentira dos clichês e das palavras grandiloquentes. Uma simples mudança de foco retira do Eu lírico a posição central para dissolvê-lo na neutralidade anônima das coisas: "Eu tinha consciência das grandes discordâncias na vida social do homem e não supunha caber-me a tarefa de neutralizar, formalmente, as desarmonias e interferências que eu sentia com tanta força".

No esforço de dar expressão ao seu moralismo didático, Brecht renovou gêneros antigos, às vezes recorrendo à paródia do soneto e da tercina, do *lied*[3] de Goethe e da linguagem de Schiller ou Hölderlin. Logo imita o estilo epigramático do século XVIII, logo transpõe para os seus fins peculiares as formas do coral e do salmo ou adota o discurso proverbial ou parabólico. Abreviações, síncopes rítmicas produzem colisões ásperas. Figura típica de sua poesia madura é a elipse e o salto lógico:

> Os governos
> Escrevem pactos de não agressão.
> Homem da rua
> Escreve o teu testamento.
>
> * * *
>
> É noite. Os casais
> Deitam-se nas camas. As jovens mulheres
> Serão mães de órfãos.

O choque alienador é suscitado pela emissão sarcástica de toda uma série de elos lógicos, fato que leva à confrontação de situações aparentemente desconexas e mesmo absurdas. Ao leitor assim provocado cabe a tarefa de restabelecer o nexo.

É muito difícil traduzir os poemas de Brecht, particularmente os de cunho baladesco. O estilo simples e popular é muito enganador. Homem de teatro, Brecht concebeu muitos desses poemas para serem recitados ou cantados. Com frequência, cantava-os pessoalmente, interpretando

---

3. Poema que se destina ou que é suscetível de ser cantado.

as próprias melodias ao som da sua guitarra. Daí decorre a técnica do *gestus*, como chamava o uso de uma linguagem que deveria adaptar-se à atuação audiovisual da pessoa que fala ou canta. Típico *gestus* de Brecht é o do imperativo; o da exortação, advertência, perplexidade; o da pergunta e da surpresa. É sumamente difícil transpor tais sutilezas, frequentes na *Cruzada Infantil*. O mesmo se deve dizer das rupturas rítmicas, da linguagem aparentemente informe e primitiva que, contudo, revela o uso requintado de elementos dialetais e de arcaísmos. É característica a repentina mudança de perspectiva e a passagem da narração objetiva para o nível lírico, fortemente expressivo, das quatro estrofes da visão subjetiva, pelo fim do poema.

A *Cruzada Infantil* torna patente um dos traços profundos deste moralista severo e ríspido, tão avesso a manifestações sentimentais: a sua ternura pelas crianças, que corresponde à frequente enfocação do amor materno no seu teatro. O uso, embora econômico (e em parte não transposto na versão portuguesa, por falta de equivalentes) do diminutivo afetivo, lembra o que dele fez Graciliano Ramos, em *Vidas Secas*, no capítulo em que é narrada a morte da cachorra Baleia – uma das grandes personagens da literatura brasileira. A aproximação dos dois autores não é de todo gratuita; não é, tampouco, casual a presença do cão, em meio de crianças, naquele poema e neste romance. Há em Brecht, por trás da máscara severa e fria, muitas vezes sarcástica, um imenso anseio de bondade ou (para usar um termo mais modesto, mais brechtiano) de afabilidade. Num dos seus maiores poemas, dirigido "Aos Pósteros", exclama, desconsolado: "Ai de nós! que desejávamos preparar a terra para a afabilidade", enquanto "nós mesmos não podemos ser afáveis". Bem sabe que "o ódio, mesmo à baixeza, deforma a face", como também a "ira, mesmo ante a injustiça, enrouquece a voz".

O lutador B.B. tinha profunda fé no "suave poder da razão"; amava Lao-Tse, a paciência da água dócil e o ideal chinês do sábio cordial e afável. O fato é que, mesmo na emigração, nunca se separou de um rolo de seda que continha o retrato de um sábio chinês. Nas suas inúmeras residências, coube um lugar de honra a esse modesto retrato. Bem característicos da última fase de Brecht são certos poemas que parecem quase traduzidos do chinês (Haroldo de Campos traduziu-os do alemão) e que revelam o seu amor às coisas miúdas e simples:

> O primeiro olhar pela janela da manhã
> O velho livro redescoberto
> Rostos entusiasmados
> Neve, o câmbio das estações
> O jornal
> O cão
> A dialética
> Duchas, natação
> Música antiga
> Sapatos cômodos
> Compreender
> Música nova
> Escrever, plantar
> Viajar, cantar
> Ser cordial.

Ser cordial, ser afável:

> Na minha parede, a máscara de madeira
> De um demônio maligno, japonês –
> Ouro e laca.
> Compassivo, observo
> As túmidas veias frontais, denunciando
> O esforço de ser maligno.

Também o ódio à baixeza deforma a face, Brecht bem o sabia. Entretanto, ainda é cedo para ser afável. E o poeta pede aos pósteros: pensai em nós com indulgência.

A Disciplina do Coração:
Alguns Aspectos da Obra de Bertolt Brecht[4]

Nos fins do século XIX nota-se, na literatura alemã, algo como um esgotamento do discurso poético, na sua essência legado da época goethiana. O primeiro a dar expressão nítida a esse sufocamento sob o peso da herança linguística foi, caracteristicamente, um austríaco: Hugo Hofmannsthal. Jovem genial, escreveu aos dezessete anos poemas que são dos mais formosos da poesia alemã. A língua parecia fazer os versos por ele; era como se ela se interpusesse entre ele e a realidade. As palavras tornavam-se estranhas, já não exprimiam as mais profundas intenções do poeta. Numa carta fictícia – cuja importância mais tarde iria ser realçada por Franz Kafka – escreveu:

As palavras isoladas que nadavam em torno de mim ficaram coaguladas, transformadas em olhos que me fitavam e nos quais eu, por minha vez, cravava fixamente os olhos; pareciam redemoinhos; sentia vertigens ao olhar dentro deles que rodopiavam incessantemente e através dos quais eu caía no vazio.

O termo "alienação", hoje muito em uso para definir esse fenômeno de solidificação, provém de Hegel: os produtos do homem (língua, cultura, técnica etc.) adquirem realidade própria, tornam-se estranhos; a sua objetividade – diriam os existencialistas – ameaça sufocar a autenticidade da "existência" subjetiva.

Contra essa inércia dos padrões linguísticos, empenhando-se pela sua atualização, lutaram nos fins do século XIX e nas primeiras décadas do século XX numerosos poetas em vários países; na Alemanha, principalmente R. M. Rilke (na sua fase madura), Georg Heim, Georg Trakl e Gottfried Benn. O último entre os renovadores alemães é Bertolt Brecht, cerca de onze anos mais moço (1898-1956) do que os últimos três mencionados e, como esses, pelo me-

4. Suplemento Literário de *O Estado de S.Paulo*, de 27 out. 1956.

nos na sua fase juvenil, expressionista. Dissolvendo e revolvendo a estrutura do discurso poético até os fundamentos, os expressionistas possibilitaram experiências construtivas posteriores. Brecht veio a ser um dos mais distinguidos experimentadores não só do teatro universal, mas ainda de uma nova expressão poética, à base da revolução expressionista.

Embora o expressionismo tenha os seus inícios antes da Primeira Guerra Mundial, esta marcou-o profundamente. A maioria dos expressionistas sentia-se angustiada em face do inóspito de um mundo que se afigurava cada vez mais insondável. A guerra parecia demonstrar ao vivo como as forças criadas pelo homem se emancipam e, tornadas irreconhecíveis e estranhas, voltam-se contra ele. Esmagado pelo equipamento material, o próprio homem se transforma em material, estranho a si mesmo. O homem, para falar com Rilke, "está exposto nas montanhas do coração" e "desabrigado" no mundo.

Mas enquanto a maioria dos expressionistas procura vencer a sua angústia e o sentimento de solidão por uma nova fé na sociedade (melhor se diria "comunidade"), esta apenas por negação está presente na obra do jovem Brecht, pois ela se lhe afigura precisamente como a matriz desse fenômeno de alienação. Assim, o jovem, impelido por um veemente elã anárquico, se refugia no mundo dos "marginais" – dos vagabundos, prostitutas, rufiões e infanticidas. É como se o filho "bem"[5] de um fabricante de papel, negando uma sociedade cuja aparente normalidade produzira a guerra, se evadisse no exotismo romântico dos esgotos, em busca da inocência de assassinos e aventureiros. Inspirado em Villon, Baudelaire e Rimbaud, no *song* de Kipling e na balada de Wedekind, entrega-se a uma espécie de misti luta. É um cinismo no sentido original do termo: a negação anárquica de todos os valores culturais, tornados estranhos e incoerentes, e a redução do humano à vida vegetativa

---

5. Gíria da época que significa: de alto coturno, bem colocado socialmente.

que o estudante de medicina, numa obsessão voluptuosa pela decomposição, enaltece nos seus aspectos de mortandade e metabolismo universal. A poesia do jovem Brecht é uma afirmação triunfal da vida elementar, haurindo a sua beleza selvagem da divinização da natureza, a cuja criatividade o indivíduo "atirado nas cidades de asfalto" se entrega num hedonismo de dissolução, ávido de *unio mystica* (união mística) e aconchego ("Por que não se pode dormir com as plantas?"). Foi Nietzsche quem inspirou essa poesia, com seu "Deus está morto". A derrocada dos valores "coagulados" é uma libertação. Se Deus está morto, tudo é permitido. Assim, os heróis de Brecht recuperam a sua completa inocência:

> Louvai o frio, as trevas, a desagregação!
> Olhai para o alto:
> Nada depende de vós,
> Podeis morrer despreocupadamente.

Esse sentimento de vida manifesta-se na forma de baladas popularescas que, narrando casos escabrosos ou aventuras de "desabrigados", imitam, por vezes em forma de paródia, o estilo de feira e o canto das empregadas domésticas, com entoação de realejo e *jazz*, de mistura com a ênfase profética da linguagem bíblica:

> Estávamos sentados, uma geração frívola,
> em casas que julgávamos indestrutíveis
> ....
> Dessas cidades restará: aquele que as atravessou, o vento!
> Alegre torna a casa o comedor: ele a esvazia.
> Nós sabemos que somos provisórios
> E depois de nós virá: nada digno de menção.

O patos de paisagens e aventuras românticas, violentamente iluminadas por cores rimbaudianas, é freado por uma linguagem rude e brutal que se movimenta em saltos desconexos e alógicos. O fascínio dessa obra decorre precisamente da tensão entre o sentimento elegíaco do jovem

60

bourgeois (burguês) ("dormir com as plantas") e a linguagem dura (*Hard boiled*: a origem desse modo de dizer é anglo-saxônica) das metrópoles, do estudante de medicina educado numa sociedade industrial – linguagem cada vez mais fria e concisa: espartilho que sufoca e, por isso, intensifica o bater do coração. Essa linguagem aproxima-o de certa forma do movimento de oposição ao expressionismo, chamado Neue Schlichkeit, espécie de "novo realismo" proclamado por volta de 1922. Deve-se tomar o termo *res* (coisa) ao pé da letra: tratava-se de uma volta às coisas, depois do estouro expressionista das ideias e dos sentimentos extáticos.

O curioso, no caso de Brecht, é que o calor patético ou a melancolia elegíaca (a busca da dissolução na natureza, depois substituída pela integração no ativismo marxista) não cederam ao novo realismo; este apenas se superpôs àquela vibração expressionista, cobriu-a, por assim dizer, com a língua metálica da época. Essa *omelette en surprise*[6] invertida – brasa envolvida em gelo – é, de resto, um fenômeno universal; a desconfiança e o pudor da palavra tomam aspectos tais que já não é possível dizer no palco "Eu te amo!" (em vez disso, recorre-se a eufemismos às avessas: "Você é um bruto!", ao que o galã responde: "Você é um bicho!").

Temos aqui, neste regulamento linguístico, a raiz secreta do famoso *Verfremdungseffekt* de Brecht ("efeito de alienação"), isto é, a prática desilusionista do seu teatro, pela qual, por uma profunda desconfiança à palavra emotiva e à emoção em geral (contaminada pela sociedade capitalista, como mais tarde diria), insiste em impedir a identificação "culinária" do público com o mundo poético do palco. A experiência de Hugo von Hofmannsthal é, de certa forma, incorporada no próprio discurso poético de Brecht. Esse sentimento de inadequação entre a emoção pessoal e a língua coagulada é transformado em princípio estilístico que, incorporando a experiência da alienação, procura resolver

---

6. Sorvete de baunilha banhado em merengue italiano.

o conflito entre forma e conteúdo. São de certa forma semelhantes os processos de Kafka e dos surrealistas pictóricos,
que, recorrendo a uma precisão quase desumana, criaram
efeitos de distância onírica. "Uma representação alienadora", disse Brecht, "embora ela admita que se reconheça o
objeto, faz ao mesmo tempo com que este pareça estranho".
Tratar-se-ia "de uma técnica que aliena o familiar". Mais
tarde, exemplificando teorias marxistas, essa técnica haveria de servir para tornar os leitores e espectadores cons-
cientes da alienação em que viviam em face do poder social,
isto é, a sua própria força produtiva multiplicada que se lhes
apresenta como uma potência externa, alheia e opressiva.

São numerosos os recursos de Brecht para destilar o
grande elã poético, reprimindo-o numa autoflagelação
constante e exprimindo-o, ainda assim, através de um sistema de válvulas: o ritmo dos versos violenta o metro ado-
tado; o frequente *enjambement*[7], em vez de dar fluidez aos
versos, deve ser recitado de forma a romper a estrutura da
frase, mercê de um intervalo no fim do verso; palavras e
construções arcaicas ou não germânicas criam distância,
e uma linguagem por vezes extremamente coloquial, bem
como a variação dos níveis de estilo, provocam pequenos
choques. O estribilho não nasce em geral como prolongamento da estrofe, com intuito apenas encantatório; representa uma espécie de quebra-mar contra a ondulação
rítmica dos versos ou traça um horizonte remoto que deforma as perspectivas e a dimensão natural da palavra.

Tão importante como o "gesto socializado" – força mo-
triz do verso brechtiano – é a música, que, no entanto, não
tem função embaladora; o *song* deve ser cantado "contra" a
música, de forma metálica, áspera e mesmo errada.

(Brecht:
Meu saber político era então vergonhosamente pequeno; no entanto, tive consciência das grandes discordâncias na vida social do

7. Complemento do sentido de um verso no verso imediato.

homem e não supunha ser minha tarefa neutralizar formalmente as desarmonias e interferências que eu sentia fortemente.)

Um escritor que vivia tão intensamente o problema da discrepância entre forma e conteúdo (admitindo-se essa divisão esquemática) forçosamente haveria de ter uma forte inclinação pela paródia. Esta desmascara, precisamente através da distância entre forma e conteúdo, a precariedade, verdadeira ou suposta, de valores tradicionais ou revolucionários, representando assim uma arma no choque entre as gerações e as épocas. Para obter efeitos de paródia, Brecht precisava apenas inverter o seu processo, superpondo ao vazio íntimo a palavra sonante e à falta de emoção a plenitude cálida da linguagem: fazendo falar, por exemplo, os tubarões em versos rimados e as suas vítimas em simples prosa; ou colocando na boca da corrupção palavras e ritmos de Goethe, ou proclamando a queda dos preços (na crise de 1929) em metros de que Hölderlin se servira para cantar o destino humano, lançado, qual queda d'água, de rocha em rocha. A intenção dessa paródia não se dirige, contudo, contra os poetas imitados, aos quais Brecht tributou a máxima admiração. O objetivo é a crítica social, o desmascaramento da insinceridade e da vacuidade da palavra, quando ela, legada embora pelos maiores espíritos da nação, mas transformada em "tesouro cultural" coagulado, é proferida por uma "geração frívola" que dela se serve sem sentir-lhe o significado.

De certa forma, Brecht exprimiu seu conflito na melhor "peça didática" da sua fase marxista, *A Decisão*. Quatro agitadores comunistas decidem matar o quinto porque este (que, aliás, concorda), impelido pela emoção do seu idealismo revolucionário, ameaça a realização dos planos cientificamente calculados dos seus camaradas (no ambiente militar, este problema da disciplina é um motivo conhecido na literatura universal). Brecht matou constantemente o camarada indisciplinado dentro de si mesmo, o anarquista juvenil que encontrou abrigo na disciplina rígida de uma linguagem e de uma doutrina.

Obras Reunidas *de Brecht*[8]

Para o estudioso de Brecht é sumamente útil a edição recente das suas *Obras Reunidas*, em vinte volumes[9]. Há outra edição, em andamento, das suas obras mais ou menos completas, que atualmente chegou a trinta volumes, mas em impressão tão espaçosa que, uma vez concluída, não deverá conter acervo muito maior que a menor. Também esta maior, de resto, está longe de antecipar uma futura edição crítica que deverá incluir todas as múltiplas variantes dos poemas, peças e narrações, todos os fragmentos, diários de trabalho, todas as notas, gravações de diálogos e conversas mantidas durante os ensaios e, possivelmente, todos os "modelos" amplamente ilustrados das encenações brechtianas, com as respectivas legendas, por vezes bem interessantes.

Por ora, a edição de vinte volumes apresenta uma visão assaz razoável (embora provisória) da obra de Brecht, uma vez que reúne as últimas versões revistas das obras fundamentais, boa parte das quais até agora inundava isoladamente o mercado em múltiplas edições divergentes, graças aos princípios comerciais extremamente sadios da editora Suhrkamp. Cinco volumes contêm as peças maiores – trinta ao todo. O sexto volume reúne as adaptações e transposições (*Antígone, Coriolano, Don Juan* etc.); o sétimo, as peças de um só ato (sete), o balé *Os Sete Pecados Capitais dos Pequenos-Burgueses*, os fragmentos (oito) e peças de exercício para atores. Três volumes são dedicados aos poemas (que, na edição maior, encherão dez volumes). Quatro volumes abrangem a prosa narrativa, os romances, os contos, as anedotas do sr. Keuner etc. Os escritos sobre teoria de teatro estendem-se ao longo de três volumes, mais dois apresentam os trabalhos sobre literatura e arte em geral e o último reúne os escritos sobre política e sociedade. São ao todo 7.519 páginas de texto, não contando centenas de páginas de notas dos editores, índices etc.

8. Manuscrito sem data.
9. *Gesammelte Werke*, Frankfurt: Suhrkamp, 1967.

A edição contém, ao lado das últimas versões das obras conhecidas, muitos textos pouco divulgados, de difícil acesso ou desconhecidos. Reúne notas, artigos, críticas, pequenos ensaios, respostas a entrevistas, cartas abertas e miscelâneas de espécie vária por vezes ainda não publicados ou dispersos em jornais e revistas. Como exemplo importante sirvam os estudos sobre Stanislavski (1951-1954), coletânea de notas que define não só as diferenças e sim também as afinidades existentes entre as concepções dos dois homens de teatro acerca de problemas de desempenho. Pela primeira vez aparece a grande peça *Turandot*, planejada desde 1930 e concluída, na última versão, somente em 1954. A obra baseia-se na adaptação schilleriana da peça de Gozzi. A sua problemática liga-se ao *Romance de Tui*, obra fragmentária em que Brecht analisa a função dos intelectuais na República de "Chima" (isto é, a República de Weimar) e o papel que desempenharam na sua derrocada. Os "Tuis", tanto na peça como no romance, são os intelectuais que se rebaixam a "justificadores", "puxa-sacos", "formuladores", "alugadores do intelecto".

De interesse especial é o sexto volume, que contém as peças de um ato, pouco divulgadas. A mais conhecida é *O Casamento Pequeno-Burguês* (1919), quadro burlesco de uma festa matrimonial em que paulatinamente todos os móveis, feitos pelo noivo, vão desmoronando, e o enlace se transforma quase em desenlace. Entre as peças até agora desconhecidas destaca-se *Lux in Tenebris* (1919). Paolo Chiarini, aliás, que teve acesso aos arquivos de Brecht em Berlim, analisou-a no seu livro sobre o dramaturgo. Em *Lux in Tenebris* já se notam traços do Teatro do Absurdo, à semelhança do drama posterior *Na Selva das Cidades*. A pecinha apresenta em essência um charlatão que, instalado diante de uma casa de tolerância, vive do combate à prostituição, mantendo uma exposição de doenças venéreas. Parasita do movimento comercial que ataca, vê-se forçado, ao notar a eficiência da sua ação, a investir dinheiro no estabelecimento de cujo combate vive. Uma cena magistral, de um humor rude e grotesco e de uma verve excepcional, é "A Pescaria", que se passa entre pescadores embriagados, dos quais um pune a sua mulher infiel, prendendo-a junto com o amante na rede e lançando ambos ao mar. A garra do gênio se manifesta plenamente nesta cena breugheliana de um jovem de vinte anos.

Nos volumes sobre teoria de teatro, há diversos textos só recentemente liberados pelo arquivo de Brecht. O mesmo vale para os escritos sobre literatura e arte, nos quais se encontram notas de certo interesse sobre a crítica, o rádio como arte e comunicação, o cinema, a fotografia, a pintura etc. Entre os ensaios mais importantes nesses volumes devem ser destacados aqueles que, pela primeira vez reunidos, debatem problemas do realismo, do formalismo, do expressionismo e da vanguarda.

Brecht Contra Lukács[10]

As observações de Brecht, apesar do tom conciliador e do teor assistemático, resultam numa crítica radical às doutrinas de Lukács, enquanto relacionadas com os problemas mencionados. Nas suas cogitações, Brecht parte do "Debate Sobre o Expressionismo" desencadeado em 1937 em consequência, sobretudo, de um artigo de Klaus Mann (filho de Thomas) contra o grande poeta expressionista Gottfried Benn. O verdadeiro pano de fundo do debate, porém, é o famoso ensaio de Lukács "Grandeza e Decadência do Expressionismo" (1934), em que o crítico ataca esse movimento como precursor ideológico do fascismo, sem tomar em conta que alguns de seus expoentes se tornaram comunistas e que Hitler condenou as obras expressionistas como características precisamente do "bolchevismo cultural". A polêmica de Lukács dirigiu-se não só contra o idealismo e as tendências mitizantes do movimento, mas também contra os seus

10. Suplemento Literário de *O Estado de S.Paulo*, de 3 fev. 1968.

processos formais – a abstração, a retórica, a montagem, o simultaneísmo, a destruição da sintaxe e a libertação da palavra isolada (processos característicos também do futurismo e do dadaísmo). Condenando o expressionismo, Lukács se opôs desde logo a toda a vanguarda. Semelhante combate liga-se ao seu empenho em favor de um realismo concebido em termos epigonais, de teor classicista. Entre os primeiros a se manifestarem contra as teses de Lukács encontram-se também autores marxistas como a narradora Anna Seghers e o famoso filósofo Ernst Bloch (este último, pensador de toque religioso, que mudou-se para a Alemanha ocidental).

A oposição de Brecht não é menos incisiva que a de Seghers e Bloch. Embora se manifeste a favor do realismo, redefine-o em termos bem mais amplos e atuais. Não admite a negação total do expressionismo através de uma crítica "barbuda" que tudo reduz "à fórmula mais simples". "Algo que vivia é considerado falso. Isso me lembra... a piada em que um aviador apontando um pombo diz: pombos, por exemplo, voam erradamente". Embora afirme que nunca fora expressionista (o que é discutível), confessa que aprendeu mais dos expressionistas do que de Tolstói e Balzac. Quanto ao "formalismo", devem-se "ouvir sem grandes expectativas" as pessoas que "gostam em demasia de usar a palavra forma como algo diverso do conteúdo". Neste terreno, acentua, a confusão é geral:

> Alguns dizem: vocês só modificam a forma, não o conteúdo. Outros têm a sensação: você, ainda mais, sacrifica o conteúdo à forma, isto é, à forma convencional. É que muitos ainda não se convenceram de que conservar as velhas formas convencionais em face dos imperativos sempre renovados do ambiente social em constante mudança é também formalismo.

Brecht rejeita a doutrina de Lukács porque este associaria o estilo realista a uma forma envelhecida e estéril, quando o que atualmente se impõe ao realista é fazer uso de todos os processos artísticos que facilitem a profunda "penetração na causalidade social". Lançar o realismo contra o expressionismo é uma simplificação, já que o experimento vanguardeiro (que Brecht considera necessário) pode ampliar e aprofundar a apreensão da realidade. A dramaturgia expressionista teria desvendado facetas ignoradas da realidade. Obra realista, nesse sentido, seria também o romance *Ulisses*, de James Joyce. Dizem, acrescenta, que a nossa avó foi narradora melhor do que nós. Pode ser que a vovozinha tenha sido uma realista. Suposto que nós sejamos igualmente realistas – "haveríamos então de narrar exatamente como a nossa avó?" Evidentemente não, pois ser realista significa "ser conscientemente influenciado pela realidade e influir conscientemente nela". Visto ser diversa a realidade, impõem-se outros recursos para apreendê-la e torná-la "dominável", em termos literários e de práxis.

Antecipando a crítica a tudo quanto Lukács iria escrever mais tarde contra a vanguarda, Brecht insiste na importância da montagem, do monólogo interior, do simultaneísmo, do antipsicologismo, e realça a importância dos processos narrativos de Dos Passos e Doeblin. Com ironia, chama o arauto do realismo de "um pouco alheio à realidade", visto exigir que as novas realidades, inteiramente diversas daquelas do século XIX, sejam abordadas pelos narradores atuais tomando por modelos os grandes romancistas do século anterior, pondo, de acordo com isso, indivíduos "bem caracterizados" no centro dos acontecimentos, narrando de um modo lento e circunspecto, produzindo "vida psíquica rica":

> O caráter formalista da teoria realista [de Lukács] ressalta do fato de ela se basear não apenas na forma de alguns poucos romances burgueses do século passado [...], mas também unicamente de uma forma determinada de *romance*. Que dizer do realismo na poesia lírica, que dizer dele na dramaturgia?

Lukács, de resto, estaria revelando um pendor singular pelo idílio, ao mostrar-se tão magoado pelo aniquilamento dos processos clássico-burgueses da narração balzaquiana por autores como Dos Passos.

Como poeta, dramaturgo e narrador, Brecht afirma que a doutrina de Lukács não lhe proporciona a mínima sugestão para seu trabalho criativo, não torna "dominável" a realidade. Trabalhando num romance (*Os Negócios do Sr. Júlio César*), "não tenho o mínimo uso" para a "acumulação de diversos conflitos de ordem pessoal em cenas amplamente desenvolvidas", dentro de ambientes minuciosamente descritos, tal como ocorre no romance tradicional. O que se lhe impõe é a constante variação do foco narrativo, precisamente para atender a realidade. Também para uma peça como *Terror e Miséria do Terceiro Reich* a teoria não funciona. A algumas poucas das numerosas cenas isoladas dessa peça, reunidas por um processo de montagem oposto às teses de Lukács, o esquema realista se adapta de longe, aos olhos de um apreciador superficial. A outras não têm aplicação nenhuma, já por serem demasiado breves. E, na sua totalidade, a peça diverge radicalmente da doutrina: "No entanto, julgo realista esta minha obra. Extraí para ela mais dos quadros de Breughel camponês do que dos tratados sobre o realismo".

Não sem ironia, Brecht relata que, ao se ocupar com o material histórico-social para o romance acima mencionado, manifestou-se nele o "formalista" desejoso de escrever "um capítulo muito extenso, formulado de um modo transparente, de clareza vítrea, com uma curva irregular, espécie de linha ondulada vermelha". No horizonte da consciência lhe surgiam "vagas" sensações "de cores, impressões de determinadas estações do ano". Ouço "cadências sonoras sem palavras, vejo gestos sem sentido, penso em agrupamentos desejáveis de figuras anônimas".

O fato é que Brecht acabou não publicando as suas observações sobre as teses de Lukács. Este, por sua vez, absteve-se em geral de manifestar a sua atitude negativa em face das obras do dramaturgo. Principalmente, Brecht não desejava provocar um conflito aberto numa ocasião em que a vitória do fascismo impunha uma atitude discreta para não aumentar as divergências no campo antifascista. Esse procedimento diplomático contribuiu para que as teses de Lukács se impusessem, e a consequência disso foi a vitória do "realismo socialista", com os pobres resultados que se conhecem e que, mais tarde, iriam provocar o desagrado do próprio Lukács.

Brecht e os Desenvolvimentos Pós-Expressionistas[11]

As primeiras obras de Brecht, embora desde logo distanciadas do idealismo expressionista, são marcadas por esse movimento, principalmente por autores como Büchner e Wedekind, que influíram fortemente na dramaturgia expressionista. Assim, o protagonista da primeira peça de Brecht, *Baal* (1918), nome do deus fenício, arquétipo do mal segundo a concepção cristã, parece uma espécie de Lulu[12] masculino, macho devorador de mulheres e aventureiro incapaz de integrar-se na sociedade. Numa sociedade tida por criminosa, segundo a concepção expressionista, o criminoso, ao negar a sociedade, é, por assim dizer, puro. Nessa fase, Brecht não nega a burguesia através do proletariado, e sim através do vagabundo, do homem à margem da sociedade.

Completamente niilista na exaltação de um hedonismo primitivo, a obra é, ainda assim, um canto de louvor à vida da qual a decomposição e o lodo fazem parte como manifestações do metabolismo universal. O elã poético da obra é extraordinário. É uma balada cantada por um adolescente anárquico, apaixonado por florestas noturnas, horizontes enormes, de cores rimbaudianas; por botequins,

11. Originalmente publicado em A. Rosenfeld, *História da Literatura e do Teatro Alemães*, p. 317-323.

12. Lulu é a protagonista de *Die Büchse der Pandora* (A Caixa de Pandora), de Wedekind, segundo o autor, "fêmea fatal, o espírito da Terra". A peça foi adaptada para o cinema por G. W. Pabst em 1929 e para a ópera (*Lulu*), por Alban Berg, em 1935.

70

feiras, prostitutas, rufiões e por todo o arsenal romântico do submundo antiburguês em que se expande a selvageria do seu herói, num misto de brutalidade e melancolia, sensualidade e pureza, solidão e promiscuidade.

Em *Tambores da Noite* (1922), Brecht apresenta o drama do soldado alemão que retorna da guerra, participa da revolução de 1918-1919 e acaba traindo-a em favor da "boa vida" com a noiva que o abandonara e que o seduz de novo. "Sou um porco [confessa o herói] e o porco vai para casa". Já se nota, nessa peça, a ironia característica de Brecht e seu pendor pela caricatura. Também certos recursos de distanciamento já são usados. A peça lhe rendeu o Prêmio Kleist de 1922.

Drama estranho é *Na Selva das Cidades* (1922), extremamente original na sua fusão de elementos expressionistas, neorrealistas e outros que hoje se chamariam de "absurdos" (ausência quase completa de motivação psicológica e de desenvolvimento lógico da ação). A "luta abstrata" que se trava entre dois homens na "selva" metropolitana não é "explicada". É uma luta pela "posse" mútua, realizada em termos de comércio e mercadoria, simbolizando a coisificação humana no mundo atual. No fundo, essa luta é um esforço desesperado de comunicação, mas o "isolamento infinito do homem" torna "mesmo a inimizade em alvo inalcançável". Com efeito, no contexto da peça a inimizade é uma relação humana e, como tal, valiosa em face da indiferença e frieza totais. O malogro da comunicação pela palavra, obsessão do Teatro do Absurdo, surge aqui precocemente. "As palavras ocorrem num planeta que não está no centro", isto é, nada tem sentido nesta estrela perdida no universo.

A peça antecipa toda uma linha do teatro de vanguarda, linha que Brecht logo abandonaria. Cedo notou que a abstração expressionista tende a projetar o problema focalizado para além do campo de determinada fase histórica, dando-lhe uma eternidade metafísica que condena o homem, em definitivo, a uma existência absurda. Seus estudos marxistas posteriores convenceram-no de que a situação descrita em *Na Selva das Cidades* não é abstrata e absoluta, mas sim histórica e, portanto, mutável. Certa abstração, contudo, permanece característica da obra brechtiana. Entretanto, os critérios segundo os quais abstrai serão bem diversos daqueles dos expressionistas.

Já na próxima peça, *Um Homem É um Homem* (1924-1925), notam-se antecipações nítidas do teatro épico posterior. Evidentemente impressionado pela coisificação do homem transformado em mercadoria e "produzido" pelos seus próprios produtos à imagem deles, a ponto de os produtos não servirem mais ao consumidor, mas o consumidor aos produtos. Brecht demonstra nessa peça, de um modo hilariante e grotesco, a transformação de um pacífico trabalhador em soldado feroz do exército colonial inglês. A lição da peça é salientada por uma das personagens que se dirige ao público e declara que o sr. Bertolt Brecht prova

> que de um homem tudo se pode fazer.
> Aqui, hoje à noite, um homem é transmontado como um
> automóvel,
> Sem que perca qualquer peça nessa operação.

Entre a fase juvenil do expressionismo e das grandes peças da maturidade, situam-se os anos dedicados principalmente às peças didáticas, por sua vez antecedidas em 1928-1929 pelo interlúdio da *Ópera dos Três Vinténs* (1928) e *Ascensão e Queda da Cidade de Mahagonny* (1928-1929). As peças didáticas, tais como *Aquele Que Diz Sim, Aquele Que Diz Não, A Exceção e a Regra, A Decisão, os Horácios e os Curiácios* etc. (1929 e anos seguintes), cuja elaboração de início é acompanhada pelo trabalho na grande paródia *Santa Joana dos Matadouros* (1929-1930), de certo modo negam a fase emocional dos inícios por um congelamento que reforça a refrigeração já sensível em *Na Selva das Cidades* e em *Um Homem É um Homem*, e que é característico do neorrealismo ou neo-objetivismo (*neue Sachlichkeit*). Essa corrente manifesta-se, nos meados da década de 1920, em quase todos os campos da arte como reação ao emocionalismo patético do expressionismo.

O teatro didático renova ideias do teatro escolar humanista e do teatro jesuíta da época renascentista e barroca, visando fazer da arte uma "empresa pedagógica". Dando às peças forma de pequenas óperas ou de oratórios, despindo-as de todo caráter "culinário" e comercial, Brecht destinava-as ao uso amadorístico em associações e escolas particulares, clubes juvenis e proletários, excluindo naturalmente o teatro comercial. Procurava transfuncionar a máquina teatral burguesa, ligada à "arte culinária", substituindo-a por uma arte capaz de transmitir conhecimentos, lições morais e sociológicas. Para esse fim, parecia necessário eliminar as emoções "vazias" e a mera vivência estéril de paixões, dependente da identificação do público com os acontecimentos cênicos. A fim de obter tal "efeito de distanciamento", isto é, de envolvimento emocional menor do espectador, começou a elaborar uma série de recursos "épicos", destinados a impedir a "empatia" e a "identificação vivencial" exagerada.

Típica nesse sentido é a "ópera escolar" *Aquele Que Diz Sim, Aquele Que Diz Não*, baseada no teatro nô japonês, nas quais se discute o tema do "consentimento": até que ponto e em que sentido o indivíduo deve concordar em sacrificar sua vida em prol da coletividade? Nesta, como na melhor das peças didáticas, *A Decisão*, o coro desempenha papel importante como comentador que se dirige ao público. Também nesta última obra, apresentada em 1930 pelo Coro Operário de Berlim, o problema é o do consenso até a morte. Trata-se, enquanto exemplificação do teatro épico, de uma das obras mais brilhantes, independentemente do tema chocante que é o assassínio de um jovem comunista, com pleno consentimento deste, pelos camaradas cuja vida e missão de agitadores foram postas em perigo pela vítima, devido à sua maneira apaixonada, emocional e precipitada de conduzir o trabalho revolucionário na China.

A última fase, a de peças como *A Vida de Galileu, A Alma Boa de Setsuan, O Círculo de Giz Caucasiano* etc., é por assim dizer uma síntese das atitudes anteriores. Expressão teórica dessa maturidade é o *Pequeno Órganon* (1948), resumo da concepção épica em que concede que o teatro científico não precisa "emigrar do reino do agradável" e converter-se em mero "órgão de publicidade". Mesmo didático, deve continuar plenamente teatro e, como tal, deve divertir o público. A emoção é admitida em grau maior que nas peças didáticas "geladas"; mas deve ser elevada ao raciocínio e ao conhecimento, ao contrário do forte emocionalismo da primeira fase.

Este último período inicia-se com *A Vida de Galileu* (1938-1939) e *A Alma Boa de Setsuan* (1938-1939), peças que nos apresentam Brecht no auge da sua força criativa, depois da conclusão de uma série de obras menores (ainda assim excelentes), tais como *As Cabeças Redondas e as Cabeças Pontudas* (1932-1933), *Terror e Miséria do Terceiro Reich* (1935), *Os Sete Pecados Capitais* (1936), *Os Fuzis da Senhora Carrar* (1937) etc.

A Alma Boa de Setsuan aborda um dos problemas fundamentais da dramaturgia dessa fase: a impossibilidade de o homem ser bom e viver de acordo com os preceitos morais num mundo cruel, cujas condições não permitem uma conduta verdadeiramente humana. A tendência do homem de ser afável e generoso é constantemente corrompida pelas circunstâncias sociais, pelas duras necessidades da sobrevivência num mundo competitivo e mal organizado. Assim, Chen-Té, a protagonista da peça, tem de fragmentar-se em dois seres opostos: para poder ser boa, precisa ser má, assumindo o papel de um parente duro e explorador. Em nome da bondade, tem de suprimir a bondade. E, cúmulo do paradoxo, para que possa realizar seu Eu bondoso, autêntico, tem de destruí-lo pela perversidade.

Em *Galileu*, Brecht analisa amplamente o problema da responsabilidade do cientista em face da sociedade. Trata-se de uma focalização lúcida de um dos problemas fundamentais do nosso tempo, debatido em nível superior ao de peças como *Os Físicos* (Dürenmatt) e mesmo o excelente *Caso Oppenheimer* (Kipphardt).

Mãe Coragem e Seus Filhos (1939) apresenta o destino de uma vivandeira durante a Guerra dos Trinta Anos. Querendo tirar proveito da guerra, explorando a miséria para escapar à miséria e para sobreviver com seus filhos, acaba sacrificando os filhos e destruindo-se a si mesma, como mãe e como ser humano. É vítima da sua própria esperteza e, como a suave Chen-Té, devido às condições do mundo, alienada de si mesma, ao mesmo tempo mãe dedicada e mãe monstruosa, suscitando logo profunda simpatia, logo veemente aversão. Uma das ironias mais terríveis da peça é a evidência de que os virtuosos sucumbem, enquanto os falsos e espertos sobrevivem. De certo modo, a Guerra dos Trinta Anos serve só de modelo de uma sociedade em que, para sobreviver, é preciso ter as qualidades exatamente contrárias àquelas que costumam ser oficialmente pregadas.

Também o protagonista de *O Senhor Puntila e Seu Criado Matti* (1940-1941) mostra a dialética do homem fragmentado em ser bom e ser mau, e o mesmo tema se repete em variações inesperadas numa das mais belas peças de Brecht, *O Círculo de Giz Caucasiano* (1944-1945), cuja heroína Grusha sofre terrivelmente porque foi seduzida pela sua bondade a cuidar de uma criança abandonada. Se o desfecho apesar disso é feliz, deve-se isso ao caráter lendário da peça e, principalmente, à personagem de Azdak, que é um bom juiz por ser um mau juiz, que é um juiz justamente por romper a lei.

Bertolt Brecht é, depois de Gerhart Hauptmann, o dramaturgo alemão mais importante do século xx. É ao mesmo tempo um grande poeta, excelente ensaísta e narrador e homem de teatro dos mais completos de todos os tempos. Sua teoria do teatro épico exerce universalmente influência poderosa e tornou-se uma das contribuições mais importantes não só para a renovação do teatro moderno, mas também para o conhecimento mais profundo do teatro em geral.

Brecht e as Razões do Teatro Épico[13]

Falar de Brecht e do teatro épico afigura-se hoje como uma e a mesma coisa, como se esse teatro fosse uma invenção do autor de *Mãe Coragem*. O próprio Brecht nunca reivindicou tal privilégio, confessando-se influenciado, na sua concepção épica, pelo teatro chinês, medieval e shakespeariano. O fato é que mesmo nas peças mais rigorosas do classicismo francês há elementos narrativos, para não falar do teatro grego, que, com seus coros, prólogos e epílogos, está longe de corresponder à pureza fictícia do "gênero" dramático. Já em 1767, no intuito de emancipar o teatro alemão do classicismo francês com suas três unidades (de ação, lugar e tempo), tidas como aristotélicas, e na intenção de enaltecer a "irregularidade" de Shakespeare, Lessing se mofa da discussão sobre os prólogos épicos de Eurípides: "Que me interessa se uma peça de Eurípides não chega a ser nem inteiramente narração, nem inteiramente drama? [...] Pelo fato de a mula não ser nem cavalo, nem asno – será que por isso ela deixa de ser um dos animais de carga mais úteis?"

Ninguém duvida que as formas dramática e épica se distinguem estruturalmente, embora não se deva, desrespeitando as condições históricas, impô-las como esquemas normativos. Naquela, *dramatis personae* "imitam", por gestos e palavras, acontecimentos como se estivessem acontecendo atualmente; nesta, um narrador conta acontecimentos como acontecidos. Ninguém duvida, tampouco, que dessa distinção fundamental decorrem algumas diferenças gerais. Mas haverá, além disso, caracteres especiais? A discussão sobre tais caracteres não se interrompe desde Aristóteles. Este lembra ao dramaturgo de que não deverá tornar a tragédia "épica": "Entendo por épico um conteúdo de vasto assunto, como se alguém quisesse dramatizar por exemplo todo o assunto da *Ilíada*".

---

13. Originalmente publicado em A. Rosenfeld, *Teatro Moderno*, p. 133-138

Como especificamente épico destacam-se sempre a variedade e amplitude do mundo narrado (o que, evidentemente, não se adapta à novela, forma épica de cunho "dramático"), a relativa autonomia das partes, a grande mobilidade dos eventos em espaço e tempo (o adjetivo "dramático" não é aqui usado no sentido de uma tipologia estilística, na acepção de "cheio de tensão", ou no de uma atitude antropológica fundamental, ao lado da épica e da lírica; designa apenas propriedades de obras literárias escritas para o palco).

Na sua correspondência, Goethe e Schiller tratam frequentemente do problema dos gêneros. Tendo superado a sua fase juvenil, de pré-romantismo shakespeariano, voltam-se para a Antiguidade clássica e discutem a pureza dos seus trabalhos dramáticos em elaboração. Goethe, por exemplo, quase desespera em dar ao tema "incomensurável" do *Fausto* uma forma aceitável, e chama a obra em progresso de "composição bárbara", porque o "vasto assunto" exige tratamento épico e mistura de gêneros. Schiller, preocupado com o enorme vulto da trilogia *Wallenstein*, tem as mesmas dores, mas aconselha Goethe que, desrespeitando os gêneros, faça uso do seu *Faustrecht* (*Faust*, em alemão, além do nome do herói, significa "punho", e *Faustrecht*, além de "direito faustiano", significa "direito do punho").

Na discussão, verificam "que a autonomia das partes constitui um caráter principal do poema épico"; este "descreve-nos apenas a existência e o atuar tranquilos das coisas segundo as suas naturezas, seu fim repousa, desde já, em cada ponto do seu movimento; por isso, não corremos impacientes para um alvo, mas demoramo-nos com amor a cada passo" (Schiller).

Goethe, por sua vez, destaca que o poema épico "retrocede e avança", sendo épicos "todos os motivos retardantes", ao passo que do drama se exige um "avançar ininterrupto". E Schiller: o dramaturgo vive sob a categoria da causalidade, o autor épico sob a da substancialidade; no drama, cada momento deve ser causa do seguinte; na obra épica, cada momento tem seus direitos próprios: "A ação dramática move-se diante de mim, mas sou eu quem me movimento em torno da ação épica que parece estar em repouso".

A razão é evidente: naquela, tudo se move em plena atualidade; nesta, tudo já aconteceu, é o narrador quem se move, escolhendo os momentos a serem narrados.

No fundo, a maioria dessas determinações decorrem da diferença estrutural acima mencionada. O dramaturgo parece estar ausente da obra por se confundir com todas as personagens; por isso, no drama se exige o desenvolvimento autônomo dos acontecimentos, sem intervenção do autor que confiou o desenrolar da ação a personagens colocadas em determinada situação. Daí a necessidade de rigoroso encadeamento causal: o mecanismo dramático move-se sozinho, sem a presença do autor. Já na obra épica, o narrador, dono da história, tem o direito de intervir, expandindo a narrativa em espaço e tempo, voltando a épocas anteriores ou antecipando-se aos acontecimentos, visto conhecer o futuro e o fim da história, ao passo que no drama o futuro é desconhecido por brotar do evolver atual da ação, que, em cada apresentação, se origina pela primeira vez. Poder-se-ia falar de um deísmo dramático e de um teísmo épico: naquele, um relojoeiro deu corda ao mecanismo e se retira para que ele funcione por si mesmo; neste, o criador manifesta-se pela sua intervenção constante. Coro, prólogo, epílogo (e seus derivados) são elementos épicos por manifestarem, através deles, o autor transformado em "eu épico". Dispersão em espaço e tempo – sem rigorosa continuidade, causalidade e unidade – pressupõe igualmente o "narrador" que monta e seleciona as cenas a serem apresentadas.

Tal separação de gêneros naturalmente é teórica. Frente à arte poética como um todo, os gêneros dramático e épico se transformam em espécies que, como tais, encontram sua unidade superior nas exigências mais altas da arte poética como conceito que abrange os gêneros dramático, épico (e lírico).

A tentativa mais radical de despojar a tragédia do elemento épico foi certamente a do classicismo francês. Nisso residem a sua grandeza e as suas limitações. A imposição das famosas três unidades – quaisquer que tenham sido as razões exteriores e interiores – implicava uma redução drástica do elemento épico, a qual, por sua vez, importava numa estilização extrema, somente possível dentro do círculo fechado de uma minoria seleta: a de *la Court* e de *la Ville* – a corte do rei, a alta burguesia e a *noblesse de robe* (magistratura) de Paris; elite em que se recrutavam os atores e o público e que ao mesmo tempo serviu, segundo a exigência de Boileau, de modelo literário. Mesmo na comédia, é preciso que os atores *badinent noblement* (gracejem nobremente). Quanto ao *peuple* (povo), não serve para a tragédia; criados, camponeses e, também, médicos, tabeliães, comerciantes, são *personnages ridicules* (personagens insignificantes) por terem o mau hábito de trabalhar e por não possuírem, como especialistas, a cultura estética exigida. Um *honnête homme* (homem honrado) não se dedica a uma profissão produtiva.

A situação dessa minoria decorativa – uma nobreza sem função real, concentrada na corte para não se entregar a tendências prejudiciais ao absolutismo – reflete-se na tragédia "fechada" de Corneille e Racine. No centro os reis e rainhas, soberanos tão substanciais que se chamam a si mesmos, por exemplo, de *triste princesse* (princesa triste) ou *reine infortunée* (desafortunada rainha). Mesmo quando desmaiam, encontram ainda forças para dizer: "Mes filles, soutenez votre reine éperdue" ("Minhas donzelas, acudam vossa rainha desvairada"). Todos eles colocados numa atmosfera rarefeita, num vácuo experimental, a fim de que suas paixões se possam desenvolver livremente, sem as fricções provocadas pelo ar impuro do cotidiano. Em torno, algumas poucas figuras de subordinados e "confidentes" (substituindo o coro grego), aos quais cabem as considerações mais práticas e, como tais, mais vis. Nessa atmosfera sublime não existem personagens doentes, feias, fracas, e mesmo Édipo tem de submeter-se à *delicatesse de nos dames* (escrúpulos femininos), de modo que é preciso *rémédier à ces désordres* (impedir estas perturbações) representadas pelo *spectacle de ces... yeux crevés* (espetáculo desses... atrevimentos) (Corneille).

Na sua pureza e unidade severas, a cena clássica se decanta dos entrelaçamentos econômicos, sociais, históricos e políticos do "mundo aberto", a fim de que se manifestem, através de uma redução química quase de laboratório, os momentos psicológicos e morais em estado absoluto, num espaço e tempo igualmente absolutos, imóveis, míticos. Tudo que é sociedade em sentido mais amplo, tudo que é paisagem, colorido local, realidade empírica, todo o mundo-ambiente, todo o peso das "coisas sórdidas" é eliminado; o resto inevitável quase se volatiliza nos diálogos estilizados de algumas personagens exemplares, transparecendo de quando em vez num simples *on* (a gente, ou alguém). Se Tito (*Bérénice*, de Racine) quer saber da reação do povo e do "mundo", em face do seu amor proibido por uma rainha estrangeira, ele diz: "Que dit *on* des soupirs que je puisse pour elle?" (O que dizem as pessoas dos meus suspiros por ela?)

É esse *on*, por assim dizer, que encobre todo o mundo épico, todas as forças anônimas do *man* heideggeriano, em favor do diálogo "existencial" de algumas personagens "autênticas". Toda cena visando ao *gran teatro del mundo*, quer seja a ecumênica de Calderón ou de Claudel, a planetária de Wilder, quer ainda a histórica de Shakespeare, forçosamente tem de recorrer ao elemento épico. E isso vale, da mesma forma, para o teatro social – naturalista ou marxista –, na medida em que são precisamente as forças anônimas, o *on*, que se impõem esmagadoramente nesse teatro. Se a cena de Racine reduz o mundo empírico ao Eu de algumas personagens privilegiadas, a cena naturalista dissolve o Eu das personagens no mundo empírico. Esse naturalmente não é o caso de Brecht, que, como marxista, tem uma visão muito mais dialética da relação indivíduo-mundo. Porém, a razão profunda do seu teatro épico reside numa concepção que atribui uma importância extraordinária ao mundo das coisas "alienadas", que não pode ser reduzido a normas dramáticas rigorosas. O seu famoso "efeito-v" – "efeito de alienação" – tem precisamente o sentido de ressaltar quão alienado e surpreendente é aquilo que, embora alienado e desumanizado, se tornou familiar e "invisível" pelo hábito e, por isso, vedado à intervenção revolucionária.

Toda essa problemática, aliás, já foi prevista por Schiller que, em carta a Goethe, declarou sucintamente que "o assunto moderno impõe, cada vez mais, uma aproximação dos gêneros", isto é, a "epicização" do drama.

Teoria de Brecht[14]

Não é fácil resumir a teoria do teatro épico de Brecht, visto seus comentários sobre este tema se sucederem ao longo de cerca de trinta anos, com modificações crescentes que nem sempre seguem uma linha coerente. Isso decorre do fato de Brecht ter sido muito mais homem da prática teatral do que escritor de gabinete. Visando a certos efeitos, mostrava-se sempre disposto a renovar suas concepções para obter efeitos melhores. Chamava suas peças *Versuche* (pesquisas, buscas), termo que às vezes é traduzido por "ensaios" – para Brecht tem antes o sentido de "experimentos" na acepção das ciências naturais, com a diferença de se tratar de "experimentos sociológicos". Não admira, portanto, que tenha refundido as suas peças tantas vezes, reformulando, concomitantemente, sua teoria. Se não se pode negar que certas modificações foram introduzidas por vezes para adaptar suas peças às sugestões do Partido Comunista – a cujos quadros de resto nunca se filiou –, não é menos verdade que sua atitude experimental de certa forma lhe impunha tais modificações. Muitas vezes, bastava-lhe observar as reações do público para elaborar novas versões dos seus textos.

Duas são as razões principais da sua oposição ao chamado teatro aristotélico ou tradicional: primeiro, o desejo de não apresentar apenas relações inter-humanas – objetivo essencial do drama clássico e da "peça bem feita" –, mas também as determinantes sociais dessas relações:

14. Originalmente publicado em A. Rosenfeld, *Teatro Moderno*, p. 149-154.

Hoje, quando o ser humano deve ser concebido como *ensemble* [conjunto] de todas as relações sociais, a forma épica é a única capaz de apreender aqueles processos que constituem para a dramaturgia a matéria de uma ampla concepção do mundo [...] O homem concreto pode ser compreendido somente à base dos processos dentro e através dos quais existe.

O peso das coisas anônimas – o ambiente –, não podendo ser reduzido ao diálogo, exige um palco que "começa a narrar".

A segunda razão decorre do intuito didático do seu teatro, da intenção de apresentar um "palco científico" capaz de esclarecer o público sobre a sociedade e sobre a necessidade de transformá-la. O fim didático exige que seja eliminada a ilusão, o impacto mágico do teatro "burguês". Por isso, impõem-se recursos narrativos que inserem a característica "distância" entre o narrador (e o público), de um lado, e o mundo narrado, de outro – distância que não existe no drama tradicional, visto as personagens atuarem nele com plena autonomia, em vez de serem projetadas a partir da perspectiva do narrador.

No conhecido esquema em que Brecht opõe as características do teatro tradicional às do teatro épico[15], destaca que aquele procede agindo, envolvendo o público numa ação cênica, gastando sua atividade e impondo-lhe emoções, ao passo que este procede narrando, transformando o público em observador, despertando a sua atividade, impondo-lhe decisões; em vez da vivência e identificação de um público colocado dentro da ação, temos o raciocínio de um público colocado em face da ação e cujas emoções são estimuladas a se tornarem atos de conhecimento. O homem, em vez de ser pressuposto como ser conhecido e fixo, torna-se objeto de pesquisa, como ser em processo que transforma o mundo. A tensão já não se dirige apenas para o desfecho da peça, mas para o próprio processo, cada cena tendo valor próprio, ao passo que no drama clássico cabe-lhe

15. Ver A. Rosenfeld, *O Teatro Épico*, 6.ed., São Paulo: Perspectiva, 2008, p. 149.

apenas o valor de elo dentro do encadeamento causal. Este, no teatro épico, é substituído pelo salto dialético.

Num dos pontos mais importantes, o do prazer produzido pelo espetáculo, Brecht modificou suas concepções profundamente. Enquanto, no início, orientado pelos seus intuitos didáticos, dirigiu-se contra o "teatro culinário", de mero entretenimento, depois defendeu um palco que, conquanto oposto ao teatro como "ramo do comércio *bourgeois* de entorpecentes", visa ainda assim ao prazer do público. O teatro científico não precisa "emigrar do reino do agradável" e converter-se em "órgão de publicidade". Mesmo didático, tem de continuar totalmente teatro e, como tal, divertidíssimo, tanto mais porque "não falamos em nome da moral, mas em nome dos prejudicados". Porém, os divertimentos de épocas diversas são, naturalmente, diversos, conforme o convívio social dos homens. O povo helênico, dominado por tiranos, tinha que ser entretido de outra forma do que a da corte feudal de Luís XIV. Diverso, portanto, há de ser também o divertimento dos "filhos de uma época científica" como a nossa. Para os filhos de uma época científica, eminentemente produtiva, não pode existir divertimento mais produtivo do que a atitude crítica em face de histórias que narram as vicissitudes do convívio social; e isso de tal forma que o espectador, começando a estranhar tantas coisas as quais, pelo hábito, se lhe afiguram familiares e por isso naturais e imutáveis, se convença da necessidade da intervenção transformadora. Aquilo que há muito tempo não muda parece imutável. A peça deve, portanto, caracterizar determinada sociedade na sua relatividade histórica para demonstrar a sua condição passageira. A nossa própria época deve ser apresentada como se estivesse distanciada de nós pelo tempo histórico e pelo espaço geográfico. Dessa forma, o espectador reconhecerá as suas condições sociais como sendo relativas e fugazes, e "isso é o início da crítica". Para empreender é preciso compreender. Vendo as coisas sempre como elas estão ocorrendo, elas se tornam corriqueiras e por isso incompreensíveis, porque, estando identificados com elas pela rotina, não as vemos com o olhar épico da distância.

Para obter esse olhar, não se recomenda o teatro *bourgeois*, que mantém o público em estado de encantamento, ao ponto de os espectadores parecerem sucumbir a um feitiço mágico, desligados de qualquer atividade, como gente com quem se fizesse algo: "Entre si quase não se comunicam, o seu convívio é semelhante ao da gente adormecida".

E essa hipnose será tanto mais profunda quanto melhor trabalharem os atores: "Visto não nos agradar esse estado, desejaríamos que os atores fossem tão maus quanto possível".

Recomenda-se, ao contrário, a montagem de "resistências" épicas que interrompam a corrente hipnótica e, em compensação, aumentem a atitude crítica e a comunicação atuante. Só assim o espectador pode desenvolver aquele olhar alienado com que Galileu fitava o lustre quando este se pôs a oscilar. Galileu *estranhou* essas oscilações e é por isso que lhes descobriu as leis.

O efeito de alienação, afastamento ou "desfamiliarização", procura, portanto, produzir aquele estado de admiração e estranhamento que para os gregos se afigurava como o início da investigação científica e do conhecimento. A fim de produzir este efeito, Brecht elaborou um arsenal inesgotável de técnicas e recursos literários, como o uso da ironia e da paródia, tratamento diferente da linguagem, da estrutura das peças e das personagens; recursos cênico-literários, como cartazes e projeções de textos, mediante os quais o próprio autor comenta epicamente as ocorrências e esboça, de forma narrativa, o pano de fundo social; o método de se dirigir ao público, através de cantores, coros e comentaristas; o uso da máscara; recursos "piscatorianos" como a interpenetração de palco e plateia através de vários meios, por exemplo, "jornaleiros" a percorrerem a sala, cantando títulos que caracterizam o clima social; recursos musicais aplicados com fito estritamente "anti-hipnótico". O efeito "alienador" do coro já foi reconhecido por Schiller, que o usou em *A Noiva de Messina* porque "a alma do espectador deve conservar sua liberdade também na paixão violenta. [...] O que o juízo vulgar costuma censurar ao coro: que ele suspende a ilusão e interrompe a violência dos afetos, precisamente isso é a sua maior recomendação"

Mas todos esses recursos não bastariam se o ator representasse à maneira de Stanislávski, identificando-se totalmente com seu papel. O ator épico, ao contrário, narra seu papel com o *gestus* de quem mostra uma personagem, mantendo certa distância dela. Mesmo representando um possesso, não deve parecer possesso; senão, como pode o espectador descobrir o que é que possui o possesso? Impedindo assim a empatia e a identificação do público, o ator faz com que este, observando a personagem criticamente ao atuar em certa situação, tenha liberdade suficiente para imaginá-lo atuando diversamente em outra situação. O ator como que se dirige ao público para destacar bem a sua própria personalidade daquela do papel. Imaginemos que o gesto demonstrativo se torne explícito: o ator fuma, por assim dizer, um cigarro, pondo-o de lado no momento em que se apresta para demonstrar mais uma fase do comportamento da figura fictícia. Ademais, atua como se narrasse tudo na voz do passado, recorrendo à sua memória e mostrando esse esforço de lembrar-se. De fato, nos ensaios os atores do Ensemble de Berlim muitas vezes tinham que recitar seus papéis na forma narrativa, isto é, na terceira pessoa do passado, junto com as indicações cênicas e na forma da locação indireta. O ator de Lauffer, por exemplo, dirigindo-se à atriz de Lisa, diz: "Lauffer pediu-lhe que se sentasse ao lado dele; depois, levantando-se, perguntou-lhe quem costumava arranjar-lhe os cabelos quando ia à igreja [...] (*O Preceptor*, adaptação da peça de Lenz)".

É fácil mostrar que o efeito de alienação é uma adaptação – embora para fins inteiramente novos – de técnicas do teatro antigo, medieval e chinês; o próprio Brecht insistiu nessas influências. Poder-se-ia mencionar ainda a técnica desilusionadora do teatro romântico e do teatro de marionetes de Sergei Obraztsov[16], que realça com tanto vigor o valor da não identificação na arte de representar. Seja como for, é evidente que as teorias de Brecht não se coadunam nem com o naturalismo, nem com um realismo que pretenda produzir a ilusão da realidade. O elemento lúdico e a estilização dão à sua cena, por mais realista que seja, um forte cunho estético:

A arte é capaz de representar a fealdade do feio de forma bela, a vileza do vil de forma nobre; pois os artistas são também capazes de representar o desgracioso de forma graciosa e a fraqueza de forma vigorosa... O teatro dispõe do colorido delicado, da composição agradável e significativa, do gesto original com uma palavra do estilo; o teatro possui o humor, a fantasia, a sabedoria, para dominar a fealdade.

Talvez não seja de todo surpreendente que o maior dramaturgo marxista tenha encontrado de início tamanha resistência, não só na própria União Soviética como também na Democracia Popular da Alemanha Oriental. O fato é que quase nenhuma das encenações das suas próprias peças, realizadas pelo famoso Ensemble de Berlim, teve de imediato o beneplácito oficial. Na primavera de 1956, pouco antes da sua morte, Brecht comentou com resignação: "Os teatros da Democracia Popular são dos poucos da Europa que [...] não apresentam as minhas peças."
É verdade que desde então essa situação se modificou.

Teoria e Prática[17]

Para a concepção teatral de Brecht talvez não haja nada mais característico do que sua insistência em manter o palco sempre iluminado. O seu teatro didático não se coaduna com o

16. Sergei Vladimirovich Obraztsov (1901-1992) foi um marionetista russo, reconhecido por estabelecer o teatro de marionetes como uma forma de arte na Rússia. O desenvolvimento desse teatro em muitos países teve a influência de Obraztsov.

17. Originalmente publicado em A. Rosenfeld, *Teatro Moderno*, p. 154-160.

lusco-fusco dos simbolistas. Fito precípuo do seu "cientificismo" é demonstrar a um público inteiramente "acordado" experimentos sociológicos. Como bom professor, apresenta a lição mediante exemplos, encarregando atores de os ilustrar. Mas é ele, o narrador, quem conta o caso; os atores ajudam a demonstrá-lo. Não são os seus diálogos e a causalidade intrínseca das ocorrências que, elo por elo, impelem a ação, mas o método dialético do narrador que procede "aos saltos". Os diálogos apenas se inserem no amplo quadro narrativo que fixa as circunstâncias do experimento, as condições sociais. Quando o diálogo se inflama ao ponto de envolver a assistência arrebatada na sua corrente mágica, o professor freia os atores e interpõe resistências épicas de serenidade e ironia a fim de mantê-la na atitude observadora e crítica de estudantes. Este "efeito de alienação" distancia o público do caso narrado, ainda mais porque se trata de acontecimentos que ocorrem na China, na Roma antiga ou durante a Guerra dos Trinta Anos. Não identificada com o mundo cênico, a plateia vê como que de fora a sua própria situação social refletida no palco. Pois o experimento da China se aplica também a ele, espectador. Este então observa a sua própria situação como um imigrante recém-chegado que estranha os estranhos costumes com olhos de estrangeiro. Assim, alheio a si mesmo e às suas próprias condições sociais, nota-lhes as peculiaridades. Ante seu olhar surpreendido, elas deixam de ser familiares, habituais e por isso definitivas e imutáveis. Admirado, chega à conclusão de que certas condições, tidas como eternas quando vistas de dentro, não o são quando vistas de fora, a partir do ângulo do "marginal". Tais condições, portanto, podem e, sendo más, devem ser modificadas. É essa a lição.

Quatro das mais famosas peças talvez bastem para exemplificação: *O Senhor Puntila e Seu Criado Matti*, *A Alma Boa de Setsuan*, *O Círculo de Giz Caucasiano* e *Mãe Coragem*. Em todas essas peças o ato, como unidade de uma ação que tradicionalmente progride segundo um mecanismo intrínseco, é substituído por uma sequência solta de cenas apresentando episódios de certo modo independentes, cada qual com sua própria *pointe* (propulsão, núcleo dramático), e todos eles "montados" pelo narrador exterior aos acontecimentos. Depois de cada cena há margem para que o espectador tome distância crítica do ocorrido; essa atitude é facilitada por um aparelho de comentários projetados ou cantados. Ademais, o público não é envolvido pela tensão veemente, linear, de uma ação progressiva, dirigida para a solução final, já que a montagem das cenas tende a ser dialética. Assim se constitui um contexto de contradições e surpresas que incitam e provocam a reflexão do público. Dessa forma, o efeito de alienação ou distanciamento começa a funcionar a partir da própria estrutura das peças. Isso é particularmente visível em *O Senhor Puntila e Seu Criado Matti*, em que o princípio dialético é introduzido no próprio protagonista. Puntila, o rico fazendeiro finlandês, tem a peculiaridade de ser, no estado de embriaguez, um homem bondoso e "patriarcal", ao passo que no estado sóbrio se transforma em egoísta atroz. Desse modo, está em constante contradição consigo mesmo, produzindo na própria pessoa o efeito de alienação, visto que suas duas personalidades se criticam, se refutam e se "estranham". Se no estado social da normalidade é um ser associal, no estado associal da embriaguez passa a ser um homem de sentimentos sociais. É, portanto, associal em todas as circunstâncias; a sua maldade é "normal", a sua bondade "anormal", e por isso sem valor. É um indivíduo em si mesmo destrutivo – segundo Brecht, devido à sociedade em que vive (e que é amplamente esboçada) e à função que nela exerce. Quanto mais se esforça por ser humano, a fim de corresponder a certos valores ideais enaltecidos, tanto mais se animaliza, se aliena e se torna irresponsável face a certos valores materiais, igualmente enaltecidos.

É evidente que Brecht não pretende apresentar um caso psicológico de dupla personalidade. O que lhe interessa não é a psicologia, mas a fábula que lhe permite lançar uma sátira divertida. Não se pode negar, aliás, que – como todos nós – também Brecht, o poeta generoso e ardente e o teórico seco e frio, viva um pouco o drama de Puntila. Não é este uma figura demasiado vital, magnífica e envolvente para corresponder às teorias sóbrias do autor? O poeta se inebriou com essa personagem e exige que seu papel em nenhum momento deva "ser despido do seu encanto natural; será necessária uma arte especial a fim de apresentar as cenas de embriaguez de forma poética e suave [...] e as cenas de sobriedade [...] sem acentos grotescos e brutais".

Mas o teórico Brecht acrescenta, em outra ocasião: "O ator de Puntila deve tomar cuidado para, nas cenas de embriaguez, não enlevar o público de tal forma pelo encanto e vitalidade que acabe perdendo a liberdade de criticá-lo."

Em *A Alma Boa de Setsuan*, a prostituta Chen-Té, a única boa alma que três deuses encontram ao descerem à Terra, tem de desdobrar-se no seu duro primo Chuí-Tá para poder sobreviver. A situação dela é, portanto, bem semelhante à de Puntila: "Ser bom, diz aos deuses, e viver apesar disso, despedaçou-me em duas partes [...] Ai, vosso mundo é difícil! Quem ajuda aos perdidos, perdido está!"

Frase cruel que joga os valores éticos contra os da competição e do êxito. Não é muito diversa a situação de Mãe Coragem, que, negociando entre as tropas da Guerra dos Trinta Anos, não consegue conciliar as qualidades de boa mãe e vivandeira esperta. A mãe adotiva de *O Círculo de Giz Caucasiano* sucumbe à "terrível" sedução da bondade ao tomar conta do filho abandonado pela verdadeira mãe durante uma revolução. Essa sedução da bondade é "terrível" devido às circunstâncias que prevalecem, mas no fundo não há nada mais penoso do que ser mau (como demonstra Puntila, que se embriaga para não sê-lo) e nada mais doce do que ser bom. Porém, as consequências dessa bondade seriam as mais tristes para Grusha – a mãe adotiva – se não surgisse o juiz Azdak que, ferindo a lei, restabelece a justiça. Esse juiz "rompe a lei qual pão para os pobres", "deixa-se subornar pela mão vazia" e "nos destroços da lei, leva o povo à terra firme". Não poderia haver efeito de distanciamento mais drástico do que aquele que brota do caso deste Azdak, que é bom juiz por ser mau juiz. Brecht, leal às suas convicções marxistas, pretende nas suas peças fazer o processo das sociedades que não correspondem ao ideal marxista[18]. A técnica provocativa da desfamiliarização do familiar, aproveitando recursos da caricatura, do estilo da *Commedia dell'Arte* e do grotesco, consiste neste e em casos semelhantes em contrapor legalidade e justiça. Preconceitos ou pré-juízos familiares e, por isso mesmo, inconscientes se transformam em juízos e sentenças "pronunciados" e se exibem assim à luz do dia ou são desmascarados por veredictos ilegais (segundo o Direito Positivo), mas em harmonia com os princípios do supremo tribunal da consciência popular.

De importância maior que as personagens (por mais esplêndidas figuras que tenha criado) são, para Brecht, as vicissitudes sociais em que se veem envolvidas. Daí a preponderância da fábula e o seu desdobramento num plano largo, épico, capaz de explicar seu comportamento, suas ações e reações individuais, em função das condições sociais. Essencial é que o público, graças ao efeito da alienação, tenha a clara noção de que as mesmas figuras teriam agido de forma diversa em circunstâncias diversas. Em *A Alma Boa de Setsuan*, o autor facilitou tanto ao público quanto aos atores a atitude de distância narrativa (em relação às personagens fictícias) pela frequente comunicação direta entre palco e plateia. Logo de início, o pobre Wang se apresenta ao público, descrevendo as péssimas condições sociais da Província de Setsuan, e tal processo é mantido através da peça. O que se perde assim em ilusão cênica e identificação hipnótica com as figuras fictícias ganha-se em comunicação no plano empírico entre ator e espectador.

18. O mundo jurídico de Brecht foi estudado por Sábato Magaldi no artigo Personagens de Brecht, Suplemento Literário de *O Estado de S.Paulo* n. 20, 23/2/1957), que estuda a obra e Brecht de um ângulo diverso. Recomendam-se também os ensaios de Eric Bentley em *The Playwright as Thinker: A Study of Drama in Modern Times*, New York: Meridian, 1955 [trad. bras.: *O Dramaturgo como Pensador*, Rio de Janeiro: Civilização Brasileira, 1987] e *In Search of Theater*, New York: Vintage, 1953 (N. do A.).

Não é o chinês Wang quem se dirige ao público (pois seu tempo e espaço são irreais), mas o ator que o representa e cujo tempo e espaço são os mesmos do público.

As intenções épicas de Brecht foram levadas ao extremo em *O Círculo de Giz Caucasiano*, obra que é um verdadeiro "conto enquadrado", uma peça dentro da peça. Mercê desse artifício, a fábula central de *O Círculo de Giz Caucasiano* é apresentada como coisa *passada* a um público cênico contemporâneo que, antes, representou o episódio inicial da "moldura". No entanto, dentro desse caso passado (isto é, essencialmente narrado) é introduzida mais uma história, a do juiz Azdak – uma peça dentro da peça dentro da peça –, esta até certo ponto ocorrendo na voz do "mais-que-perfeito", visto seu plano temporal ser em parte anterior ao da fábula central e bem anterior ao da moldura. Assim, toda a peça central é projetada pelos cantores e músicos da moldura para a distância de um passado remoto. Os bardos narram a história, comentam a ação, dirigindo perguntas ao "seu" público (ao do palco e, através dele, ao da plateia), antecipando epicamente o futuro, incitando as personagens que apenas "ilustram" a narrativa, revelando o que ocorre no íntimo deles ("ouçam o que ela pensou, mas não disse" – e aquilo que, portanto, não cabe no diálogo), interpretando, por vezes, uma ação pantomímica etc. Ainda Ibsen insistiu em apresentar o passado – que ocupa tão larga parte nas suas peças – através do diálogo atual. Aqui se dá o contrário: o diálogo atual é apresentado através da narração do passado.

Um dos capítulos mais fascinantes da dramaturgia brechtiana é o uso variado do *song* e dos interlúdios musicais – para deixar de lado os inúmeros outros recursos empregados a fim de "epicizar" e "desfamiliarizar" os episódios das peças.

Na apresentação de *O Senhor Puntila e Seu Criado Matti* pelo Ensemble de Berlim (1949), os títulos cênicos projetados em outras encenações foram omitidos, dando-se destaque especial ao Canto de Puntila: Annemarie Hase, a atriz da cozinheira, cantou-a parceladamente entre as cenas, diante da cortina, ostentando os variados utensílios do seu respectivo trabalho doméstico, sempre acompanhada por um guitarrista e um tocador de acordeão. Dessa forma, toda a peça se transformou numa espécie de balada popular. O canto comentou os acontecimentos do ângulo da cozinha, dando às façanhas de Puntila um caráter de crônica local. Por vezes, canto e música brotam da própria ação, caracterizando uma personagem ou entrando em choque dialético com o sentido ou a "moral" do respectivo episódio, de conformidade com o desejo do autor de incitar o público à reflexão. Muitas vezes, porém, ocorrem intercalações sem relação direta com a ação cênica. Em tais casos, faz-se mister marcar bem a transição. Em *Mãe Coragem*, por exemplo, quando apresentada pela companhia de Brecht, serviu de "comutador" para esses interlúdios alheios à peça um emblema musical consistindo de uma corneta, um tambor, uma bandeira e esferas de vidro iluminadas – tudo baixando do *dessus* (de cima). "Essa coisa delicada, bonita para se ver", na expressão de Brecht, de intuito puramente lúdico e não realista, serviu para separar a música da ação "real", tornando visível a mudança para outro plano estético, o musical: "Os adversários disso são simplesmente contra variações bruscas, aos saltos, são contra o 'anorgânico' e a 'montagem', principalmente por serem contra a ruptura da ilusão."

É evidente, contudo, que Brecht não visa a suprimir a emoção – o que em matéria de teatro seria absurdo. O que deseja é elevar a emoção ao entendimento e à crítica. Por isso, quando o poeta Brecht cria uma grande figura como Mãe Coragem, lendo depois nas críticas que se trata de tragédia comovente do "animal materno na sua vitalidade indestrutível", o teórico Brecht se apressa a introduzir modificações para tornar claro que, se o animal materno é importante, de peso bem maior é ver que os pequenos não lucram com a guerra e que a profissão de vivandeira estraga os melhores propósitos.

Se se quisesse formular de um modo um pouco paradoxal a mais profunda transformação introduzida pelo teatro épico, poder-se-ia dizer, talvez, que o diálogo deixa de ser constitutivo. Por trás dos bastidores está o autor-narrador, dando corda à ação; os atores apenas a ilustram com seus diálogos. Uma vez que só "demonstram" uma fábula narrada pelo autor, não chegam a se transformar inteiramente nas personagens. É como se aguardassem o aceno do professor para tomarem, rapidamente, a atitude das personagens fictícias. Estas, de certa forma, parecem altos-relevos, salientes sem dúvida, mas ainda ou de novo ligadas ao peso maciço do mundo narrado, como que inseridas no fundo social, de cujas condições dependem e que as envolve de todos os lados. Não são esculturas livres, rodeadas de espaço, personagens que, dialogando livremente, constituem a peça. Uma das maiores figuras de Brecht, a filha de Mãe Coragem, é muda.

Encenações Brasileiras – Brecht: Monstro Sagrado?[19]

Em dois artigos muito interessantes (nos números 511 e 512 deste Suplemento, 14 e 21.1.1967), o sr. Mário da Silva chamou a atenção sobre as precárias versões brasileiras de peças de Brecht. Apoiando-se em considerações do sr. Willy Keller, diretor do Instituto Cultural Brasil-Alemanha (Rio de Janeiro), acentua também a precariedade das encenações de peças de Brecht no Brasil. Citando ou concordando com essa autoridade – a quem, no Brasil, ninguém teria competência fundamentada para fazer restrições, já pelo simples fato de o sr. Willy Keller ter assistido pessoalmente a encenações do Berliner Ensemble e ter conhecido, também pessoalmente, o próprio Brecht –, o sr. Mário da Silva afirma que as representações respectivas não costumam ser "autênticas" e que "para a maioria dos brasileiros Brecht continua sendo uma incógnita". Ademais, deixa entrever, não sem ironia, que considera o conhecimento de Brecht entre

19. O Suplemento Literário de *O Estado de S. Paulo* de 11 mar. 1967.

93

a própria gente do teatro – principalmente os atores – como bastante duvidoso. É verdade que não inclui aí, totalmente, os encenadores mais jovens, aos quais concede que são geralmente cultos e estudiosos, conquanto nem em todos os casos tanto quanto pensam.

Não se pode deixar de concordar com as afirmações do sr. Mário da Silva. É importante que tenha chamado a atenção sobre as falhas – nas traduções, nas encenações, nos conhecimentos. Realmente, não se pode, de boa consciência, discordar de nenhum dos três pontos. As traduções deveriam ser sempre mais adequadas, as encenações sempre mais autênticas, os conhecimentos sempre mais profundos e amplos. Como é impossível discordar, e como a mera concordância não costuma resultar em debate, resta apenas o caminho de ampliar as considerações do autor.

Quanto ao ponto das traduções, acrescentaria que não só Brecht é vítima de versões precárias. Em matéria de teatro, não é frequente que se cuide muito do apuro das traduções, pelo menos no tocante a peças contemporâneas; raramente se aplicam aí critérios de rigor semelhante àqueles, pelo menos, que se exigem na ficção narrativa. Porém, não preciso dizer isso a quem, admirável tradutor que é, sempre tem demonstrado possuir uma consciência profissional extremamente sensível e rigorosa.

Entretanto, o fato é que uma boa obra narrativa (para não falar da poesia) mal traduzida fica totalmente arruinada – nada se salva, visto que, na narração, existe só o texto. Já uma peça teatral mal traduzida, embora gravemente prejudicada, pode salvar-se mercê de uma excelente representação. O texto, no teatro, é apenas um elemento entre outros. O teatro, enquanto teatro vivo, não é mero garção do texto, nem museu dele. É uma instituição criativa que, por mais leal que seja ao texto, forçosamente o molda ao lhe dar a dimensão cênica, ao atualizá-lo e ao concretizá-lo pela dimensão audiovisual.

Na ficção narrativa, a palavra é a fonte das personagens; no palco, ao contrário, os atores/personagens, seres vivos, são a fonte das palavras. Esse fato muda totalmente a relação entre o texto e o mundo imaginário. No livro, o texto medeia esse mundo; na cena, é este mundo que medeia o texto, transformando-o em um elemento entre outros – elemento que, em certa medida, tem que se adaptar a essa totalidade constituída sobretudo de seres vivos. No *espetáculo* não se pode isolar a linguagem de Brecht do ator que a interpreta em comunicação com o público (que, através de sua reação, colabora na moldagem do texto). A linguagem será uma quando o ator for gordo e será outra quando for magro. O público não apreende o texto de um modo abstrato: convive com um ser humano que não pode deixar de imprimir à linguagem a marca da própria personalidade. O público não ouve apenas, muito menos lê as palavras; o fato é que as "enxerga", já que o ator as vive com todo seu corpo, transformando-as em movimento. Assim, a apreensão do texto por parte da plateia é bem diversa daquela do leitor.

Tudo que foi dito, evidentemente, não visa a diminuir a importância do rigor e da matização na tradução teatral. Mas talvez contribua para explicar por que, no domínio do teatro, o rigor e a sutileza da tradução nem sempre são completamente decisivos. Há pouco li a tradução francesa de *O Príncipe de Hamburgo*, de Kleist, peça que obteve êxito extraordinário em Paris, levando a uma verdadeira "descoberta" do grande dramaturgo alemão. Segundo a minha opinião, traduzir Kleist é mais difícil do que traduzir Brecht. Ao ler a versão francesa, não compreendi bem o êxito parisiense. É uma tradução às vezes poética, em geral limpa e honesta, embora muitas vezes faça adaptações drásticas, segundo o costume francês. De qualquer modo, não me parece que tenha sobrado o melhor de Kleist. Apesar disso, um grande êxito! Vê-se que o fenômeno do teatro não se reduz à literatura.

Uma vez que o teatro vivo é manipulado por gente variada e viva e se dirige a gente viva e variada, dentro de padrões culturais variados e situações históricas diversas e em constante transformação, é forçoso admitirem-se certas adaptações ao linguajar vivo da época, da nação, do público. Afinal, Shakespeare não é traduzido para o português do século XVI. O próprio autor dos artigos reconhece que as frequentes paródias de Brecht precisam ser adaptadas. Não se podendo usar o estilo de Goethe, Schiller, Hölderlin e outros autores parodiados, será necessário usar Gonçalves Dias, Castro Alves, Rui Barbosa – algo, enfim, que ao público brasileiro seja familiar. Nessa transação, forçosamente se perdem nuanças. Caberá ao espetáculo acrescentar aquilo que se perdeu em termos literários.

Concordo também, naturalmente, com o que o sr. Mário da Silva (e o sr. Willy Keller) diz sobre a precariedade das encenações de Brecht. Entretanto, parece-me que o autor generaliza muito com base em um ou dois espetáculos apresentados no Rio de Janeiro. Assisti apenas a encenações paulistanas e confesso que nenhuma me pareceu perfeita, nem inteiramente "autêntica" no sentido brechtiano. Algumas, todavia – por exemplo, a pioneira de *A Alma Boa de Setsuan*, apresentada pelo Teatro Maria Della Costa (há mais ou menos dois lustros), sob a direção de F. Bollini –, afiguraram-se-me bastante boas e dignas de louvores. *A Ópera dos Três Vinténs*, no Teatro Ruth Escobar, foi um espetáculo de méritos. Outras encenações, apesar de não obterem rendimento brechtiano satisfatório, mostraram momentos de bom teatro e um grande esforço em acertar. As boas intenções certamente não bastam em matéria de arte; mas sem elas é difícil progredir.

É justo que o sr. Mário da Silva compare os espetáculos daqui com os do Ensemble de Berlim, um dos teatros mais perfeitos do mundo. É justo porque o modelo deve ser a perfeição. Porém, quantos teatros alemães ou europeus chegam sequer aos pés dessa companhia excepcional, na apresentação autêntica de Brecht? E se jamais chegarem perto, será pelas frequentes encenações de Brecht, pelos malogros e pelas tentativas sempre renovadas. Afinal, também o sr. Mário da Silva reconhece que é atirando-se à água que se aprende a nadar. Concordo com o autor mais neste ponto, se é que o entendi bem: é preciso estimular as boas encenações de Brecht, não desencorajá-las. Não haverá boas encenações se não houver encenações.

Aliás, quanto à "autenticidade", parece-me que a teoria brechtiana e os modelos fotografados das encenações do Ensemble de Berlim servem mais como desafio e sugestão do que como dogmas e exemplos a serem religiosamente observados e copiados. Um homem de teatro genial como Gustav Gruendgens apresentou a *Santa Joana dos Matadouros* de um modo muito diferente de Benno Besson, discípulo direto de Brecht. O próprio dramaturgo confessou que Giorgio Strehler, de tão nova que fora a sua concepção da *Ópera dos Três Vinténs*, revelou-lhe novos lados da sua peça. As famosas encenações de Buckwitz são radicalmente diversas daquelas de Planchon, por se dirigirem a públicos bem diferentes, e as de Vilar têm de ser mais uma vez diversas simplesmente por serem apresentadas na vasta sala do Palais Chaillot. A maioria dos bons diretores costuma adaptar Brecht, de uma ou de outra forma, à respectiva situação do seu país, para, não respeitando a letra ao pé da letra, respeitarem o espírito de Brecht. Este, demasiadamente homem de teatro, de modo algum estaria de acordo com quem impusesse os seus escritos como textos sagrados.

Ultimamente, pretende-se apresentar Brecht como "clássico" no sentido museal, realçando apenas os valores abstratamente humanos de sua obra. O próprio Max Frisch declarou que Brecht já atingiu "a avassaladora falta de efeito de um clássico". Isso certamente vale para a Suíça, país clássico da neutralidade e da saturação. O mais curioso é que os defensores intransigentes da "autenticidade" de Brecht, que fazem questão fechada do distanciamento e da "direção ao público", isto é, da comunicação direta entre ator e plateia, defendam ao mesmo tempo o Brecht "clássico". Não percebem que apoiam, de fato, o teatro culinário dos belos e abstratos valores humanos – teatro que evidentemente não necessita dos recursos do teatro épico. O próprio Frisch, dramaturgo respeitável, é um belo exemplo disso: usa em ampla medida os recursos didáticos de Brecht para escrever "peças didáticas sem lição". Isso lembra certos existencialistas que, optando decididamente, acabam optando pela própria opção.

Voltando à vaca fria: não será exagero dizer que a intensa ocupação com Brecht, conquanto ainda não resultasse em espetáculos perfeitos (mas, quantos são perfeitos, aqui e no mundo, quer se trate de peças de Brecht, quer de outros autores!), já apresenta certos rendimentos. Houve elaborações autóctones, à base de Brecht, que tiveram muitos méritos – por exemplo: *Arena Conta Zumbi*, além de outros tipos de espetáculos-revista, com toque de cabaré, nada desprezíveis. Um espetáculo bom como *Oh! Que Delícia de Guerra*, que já na sua fonte inglesa mostra o influxo de Brecht, talvez não teria sido possível sem a efervescência brechtiana que impôs a diretores, atores e cenógrafos novas concepções, novas tarefas, novos recursos de expressão.

Quem não concordaria com o sr. Mário da Silva no tocante às falhas de conhecimento e estudo! Ai de nós, pobres seres humanos, como é insignificante o nosso saber e imensa a nossa ignorância! Como não concordar com o sr. Willy Keller quando nos assegura que "para a maioria dos brasileiros Brecht continua sendo uma incógnita"? Eu até diria que isso vale para a maioria e acrescentaria ao nome de Brecht os de Shakespeare, Dante e Homero, sem ver nessa terrível ignorância propriamente uma calamidade pública. O fato é que a maioria dos brasileiros tem de pensar, no momento, em outras coisas. Acrescentaria ainda que, segundo um inquérito feito na Alemanha, a esmagadora maioria dos alemães nunca leu nenhum livro de Heinrich Böll, isto é, ignora um dos mais conhecidos e distintos autores da própria Alemanha de hoje. De fato, só 3% da população adulta da Alemanha e 11% dos cultos afirmam já ter lido alguma coisa desse autor[20]. Vinte e sete

20. Gert Kalow (org.), *Sindwirnoch das Volk der Dichterund Denker?* (Somos Ainda o Povo dos Poetas e Pensadores?), Reinbek: Rowohlt, 1964 (N. do A).

por cento da amostragem confessou, em 1962, não ter lido nada durante mais de um ano ou mesmo nunca[21]. E embora eu não tenha dados a respeito, arriscar-me-ia a afirmar que Brecht, da mesma forma como Böll, é uma incógnita para a maioria dos alemães.

A ignorância não é, portanto, um fenômeno propriamente nacional, não obstante existirem variações quantitativas decorrentes de causas conhecidas. Isso naturalmente não quer dizer que não haja um número considerável de bons conhecedores de Brecht no Brasil, do Norte ao Sul, a começar pelos próprios senhores Mário da Silva e Willy Keller, dos quais sou admirador e cuja autoridade no assunto ninguém põe em dúvida, embora ela não se afigure maior pelo fato de o último ter conhecido Brecht pessoalmente. É indubitável que hoje conhecemos Shakespeare melhor do que aqueles que o conheciam pessoalmente. E não façamos um cavalo de batalha pelo fato de alguém conhecer Brecht há mais tempo do que outro. Pessoalmente, vi Brecht pela primeira vez em Berlim, pelos fins da década de 1929 (*A Ópera dos Três Vinténs*) e, desde então, ocupei-me dele. Nem por isso deixei de aprender muito sobre ele em discussões com encenadores brasileiros que, naquela época, nem sequer tinham nascido. Não há monopólios no campo do conhecimento, embora o acesso a ele não seja tão amplo como deveria ser. Se há, aqui, excelentes conhecedores de Joyce, Proust, Faulkner, Kafka, Mallarmé, Pound e outros autores complexos, não me entra na cachola por que não se possa conhecer ou não se conheça, no Brasil, um autor como Brecht, bem mais acessível e, no fundo, relativamente simples, apesar da sua ambiguidade e da sua dialética por vezes intrincada. A autocrítica, qualidade excelente, é uma das coisas mais desenvolvidas no Brasil; porém, ela pode chegar ao ponto em que acaba sendo nada senão ufanismo invertido.

Parece-me haver, nesta questão de Brecht, se não exageros, pelo menos uma atitude unilateral. É um grande

21. Idem, p. 126.

poeta, grande dramaturgo, grande homem de teatro, um dos maiores do nosso tempo. Mas não vamos fazer dele um monstro de sete cabeças, um mistério para iniciados, a não sei quanta maravilha do mundo, uma espécie de Zen dialético, o único caminho para a sabedoria definitiva, na vida e no teatro. Nenhum homem de teatro contemporâneo pode ignorá-lo – como não pode ignorar Pirandello, Ionesco, Beckett, O'Neill. Acresce, no caso de Brecht, naturalmente a teoria, de importância extraordinária. Esta porém, em vez de dogma, deve ser objeto de constante experimentação e dúvida – como o foi para o próprio Brecht, que, no fim da sua vida, continuava trabalhando nela, dedicando-se à sua modificação e ao seu aperfeiçoamento.

3. ANÁLISE DE PEÇAS

Na Selva das Cidades[1]

I.

A peça é do jovem Brecht (escrita entre 1921 e 1924). Bem ao contrário da sua obra posterior, que se filia a um realismo estilizado, antecipa de certo modo o Teatro do Absurdo, visando a analisar a situação existencial do homem no mundo de hoje. A obra mostra a luta desesperada entre dois homens em Chicago, sem indicar os motivos dessa luta, à semelhança do Teatro do Absurdo, que, em geral, apresenta certa situação humana sem explicá-la lógica ou psicologicamente – isso com o fito de sugerir que a situação não decorre de tais ou tais razões concretas, mas da condição fundamental do homem. Assim, em *Esperando Godot*, de Beckett, não sabemos exatamente por quem as duas personagens centrais

---

1. Suplemento Literário de *O Estado de S.Paulo*, de 8 nov. 1969.

esperam. Trata-se, antes, de mostrar que a situação fundamental do homem é a da espera sempre frustrada, qualquer que seja o objetivo ou o motivo dela.

Na peça de Brecht trata-se de um conflito entre dois homens que se odeiam e se amam. A luta surge como situação essencial e como última tentativa, frustrada, de superar a solidão humana através da posse do outro. Como lemos no texto: "O isolamento do homem torna mesmo a inimizade em alvo inalcançável. Sim, o isolamento é tão grande que não há sequer luta". A própria comunicação – tema básico do Teatro do Absurdo – torna-se impossível porque "as palavras ocorrem num planeta que não está no centro" –, isto é, desde que a cosmovisão moderna deslocou a posição central da Terra e, com isso, subverteu a ordem do universo, a vida do homem e, concomitantemente, as suas palavras e concepções perderam o sentido. "Se encherdes um navio de corpos humanos a tal ponto que o barco arrebente, haverá tamanha solidão nele que todos ficarão enregelados". A própria união dos corpos humanos, no amor, tem por resultado apenas o surgir de uma nova geração que olhará friamente a dos pais.

A peça, indagação profunda sobre as relações humanas na "selva das cidades", antecipa, de um modo surpreendente, em trinta ou quarenta anos, formas e temas do teatro atual e nos mostra um Brecht totalmente diverso do Brecht didático, preocupado com um palco político-social. Apresentada há cerca de três anos (1966) em Paris, obteve, talvez pela primeira vez, um êxito extraordinário, visto que contava com um público já preparado pelo teatro contemporâneo.

A apresentação dessa peça difícil e insólita, certamente uma das mais estranhas e poderosas de Brecht, é muito meritória. Trata-se, contudo, de um experimento arriscado, já que a obra não se comunica com facilidade e não tem elementos que prometem êxito comercial.

II.

O texto e enredo um tanto caóticos, obscuros e elípticos de *Na Selva das Cidades*, a terceira peça do jovem Brecht, explicam o fracasso das primeiras encenações em Munique, Berlim e Darmstadt (de 1923 a 1927). A partir de 1960, graças a encenações modernas do Living Theatre e de outras companhias, graças também a um público já iniciado nas peculiaridades do Teatro do Absurdo, a peça teve êxito universal; êxito que se repetiu no Brasil, mercê da audaz criação do Teatro Oficina.

A encenação de José Celso, poderosa, rica e inventiva, é tipicamente "de diretor", segundo as tendências atuais, que fazem prevalecer o teatro sobre a literatura e, de acordo com isso, aliás, com boas razões, permitem ampla liberdade na manipulação do texto. Ainda assim, o espetáculo que José Celso criou consegue dar uma visão adequada do lado irracional e selvagem de *Na Selva das Cidades*, graças à movimentação frenética de que participam até as mudanças cênicas, magistralmente integradas na ação em virtude da feliz colaboração cenográfica de Lina Bardi. Esse aspecto é autêntico e corresponde em certa medida às intenções do texto. Para o mesmo efeito concorrem a violência e a crueldade com que é tratado o corpo humano feito objeto, a radicalização extrema com que metáforas linguísticas são transformadas em imagens (por exemplo, a comida de pedras), a ritualidade solene de certas cenas de áspera beleza, a agitada pantomima circense dos excelentes atores, os gemidos, uivos, grunhidos, berros e urros de criaturas reduzidas a estados elementares de feras, abaixo do nível da articulação (*briser le langage pour toucher la vie* [destruir a linguagem para tocar a vida], dizia Artaud) e, em geral, o plano sonoro da música e dos ruídos que apoia com vigor o tumulto visual. Há muitos momentos que certamente se contam, desde já, entre os mais altos do teatro brasileiro.

Entretanto, a linha de pensamento de Brecht, já então assaz racional, naufraga até certo ponto nessa fúria avassaladora, nesse pandemônio dionisíaco de imagens e ruídos, nesse conjunto audiovisual de fascínio infernal. A "imitação mítica" de Rimbaud, de quem Garga assume o papel, sossobra quase por inteiro e, com isso, se borra a sua transformação e seu ingresso no mundo do "novo realismo", acentuado pela linguagem fria e desentesada. Perde-se, em parte, o constante atrito entre essa linguagem fria e a matéria incandescente, entre o *understatement* (meias-palavras) esportivo e a alta tensão da encarniçada luta dos antagonistas. O irracionalismo expressionista da encenação desvia-se, talvez calculadamente, da ideia da peça: José Celso insiste em conservar o jovem Garga até o fim tão puro, tão rimbaudiano e tão absoluto como surge no começo. De outro modo não se entende por que, na última cena, faz o protagonista rasgar o dinheiro obtido pela venda da empresa madeireira. No texto, Garga *guarda* a soma. Nesse ponto, a liberdade do diretor, em face do texto, certamente ultrapassou os limites, por mais que se lhe conceda amplo espaço de manifestação. O estilo de José Celso, na sua fase atual (1969), certamente se ajustaria melhor à primeira peça de Brecht, *Baal*. Aplicado a *Na Selva das Cidades*, omite aspectos de um Brecht já mais ambíguo, mais "dialético", que está em vias de afastar-se do expressionismo.

O que no início deve ter causado perplexidade é a aparente ausência de motivos que expliquem a luta encarniçada entre as duas personagens centrais, Shlink e Garga. O malaio Shlink, negociante de madeiras, cercado de uma fauna de *gangsters*, invade uma livraria de Chicago e se propõe a comprar ao balconista Garga a opinião sobre um romance, oferecendo-lhe somas cada vez maiores. Exige que o jovem mude seu juízo de negativo para positivo. Garga resiste, apesar de necessitar de dinheiro para sustentar a família indigente. Tem uma noção firme, romântica, da liberdade e independência do indivíduo, da autonomia da personalidade. A partir daí, inicia-se entre os dois uma luta selvagem, "inexplicável", aparentemente gratuita; luta que leva a família de Garga à dissolução e à destruição moral, a irmã e a noiva à prostituição e, ao fim, o próprio Shlink à ruína material e ao suicídio, quando perseguido por uma multidão de linchadores atiçados por Garga, cujos golpes baixos acabam superando os do adversário.

A "luta de dois homens na cidade gigantesca de Chicago" é precedida de uma "explicação do autor:

Vocês se encontram no ano de 1912 em Chicago. Contemplam a inexplicável luta livre de dois homens e assistem à ruína de uma família que das savanas veio à selva da grande cidade. Não se quebrem a cabeça para compreender os motivos dessa luta, mas participem dos empenhos humanos, julguem imparcialmente a forma de luta dos adversários e dirijam o interesse para o *finish*[2]

Há numerosos comentários do jovem Brecht a respeito da "falta de motivação" da peça (deixando de lado os do maduro). O modo de agir dos homens do nosso tempo já não seria explicável através dos motivos tradicionais: "Acumulam-se as notícias policiais em que falta o 'motivo' do criminoso... Neste mundo e nesta dramaturgia o filósofo se orienta melhor do que o psicólogo."

É melhor, então, deixar de examinar os motivos, "a fim de ao menos não aduzir motivos errados. Assim, representamos as ações como meros fenômenos", sem referir as causas desses fenômenos. Aliás, não bastaria o próprio esporte como motivo? Nesta peça, "o esporte como paixão é simplesmente adicionado às paixões de que o teatro já dispõe" (*homo ludens*).

Hoje, a aparente falta de motivos não suscita a mesma surpresa, já que essa omissão é típica do Teatro do Absurdo. O que importa, no caso, é apresentar a "situação existencial" do homem. Qualquer tentativa de motivação iria psicologizar, individualizar e particularizar essa situação, dar-lhe razões empíricas e tirar-lhe o cunho existencial. É conhecida a falta de psicologia e motivação capazes de explicar o assassínio cometido pelo protagonista de *O Estrangeiro* (de Albert Camus), Mersault. O posterior esforço do tribunal visando a construir um esquema psicológico convencional para poder condenar Mersault é apresentado por Camus com ironia mordaz. "Histórias que se entendem são mal

2. Expressão esportiva adotada por Brecht na sua forma inglesa.

105

contadas", diz uma personagem da peça *Baal* (a primeira de Brecht).

Dirigindo-se ao seu adversário, Shlink chama a luta entre ambos de "ação metafísica", isto é, de situação humana fundamental, não determinada por motivos particulares ou por razões histórico-sociais. Só posteriormente Brecht iria derivar essa "luta existencial" de causas históricas, radicadas numa sociedade competitiva, agressiva e selvagem. A destruição da família e dos valores humanos, o rebaixamento e a prostituição dos indivíduos, reduzidos a objetos e mercadoria, surgem na peça – citando Brecht – como "meros fenômenos", aparentemente sem explicação causal. Mais tarde, iriam ser apresentados como consequências de condições socioeconômicas. Enquanto ainda contagiado pelo expressionismo, Brecht tendia a conceber a luta na sua abstração arquetípica, numa Chicago que, sem substância real e concretude sociológica, mais se afirma como paisagem emocional ou visionária, diversa na execução, mas de origem subjetiva e quase alucinatória, semelhante à do filme *O Gabinete do Dr. Caligari.*

Apesar de tudo – e a despeito dos comentários do autor –, a peça apresenta um tecido rico de motivações e razões, embora encobertas. A história pode ser entendida, embora não seja propriamente mal contada. O perigo da interpretação psicológica, fornecendo motivos para explicar uma obra como esta, é assumir o papel ridículo do tribunal de Camus. O que importa é ressaltar, segundo a justa observação de Brecht, o fundo "filosófico", sem, contudo, omitir as mediações psicossociais e, sobretudo, o contexto literário.

O desafio que Shlink dirige a Garga ao insistir em comprar-lhe a opinião pessoal traduz o intuito de comprá-lo integralmente, de apossar-se dele, da sua individualidade; de desmontá-lo e transmontá-lo como ocorre a Galy Gay, na próxima peça, *Um Homem É um Homem.* Talvez não se deva dar demasiada importância ao ambivalente amor/ódio homossexual que liga os dois adversários. Semelhante desvio é, aliás, o teor básico de um conto que Brecht publicara antes e do qual extraiu elementos para a peça. É claro que aí se reflete também a relação destrutiva entre Verlaine e Rimbaud, este último de enorme influência sobre o expressionismo e sobre o jovem Brecht, amante também de Villon, outro *poète maudit* (poeta maldito). Quanto ao *pauvre Lélian* (pobre Lélio)[3], sugeriu o título da balada do *Pobre B.B.* Nesse poema, aparece também o tema romântico da "deslocação" ou do "desterro" do homem que, provindo do mundo inocente da natureza (florestas negras, savanas), se perde no mundo da civilização atomizadora (cidades de asfalto, de ferro e imundície, selva das cidades). O tema ressurge com frequência em poemas dessa fase.

O impulso sadomasoquista, bem acentuado na peça e traço frequente do expressionismo, associa-se ao "misticismo do lodo" do jovem Brecht, com sua obsessão voluptuosa pela decomposição, entendida como dissolução da forma individual e entrega ao grande processo do metabolismo universal da matéria. Shlink, de fato, escolheu o amado adversário como instrumento e verdugo. Perseguido pelos linchadores, declara querer "pôr-se em segurança" e em seguida se envenena, invocando "os peixes ávidos de morte, suicidas que engolem os anzóis como hóstias". Confessa que Garga lhe serve de "escaravelho" (escarabeu), "alugado para pôr-me debaixo da terra" (o nome do besouro excrementício aparece somente na primeira versão).

O sadomasoquismo, consequência do terrível passado de Shlink, tal como narrado por ele, liga-se intimamente à solidão, tema central da obra. Talvez convenha mencionar a tese do primeiro Erich Fromm (nessa fase ainda digno de estudo atento), segundo a qual o sadomasoquismo seria uma reação destinada a superar a solidão, quer incorporando o outro pela posse total, quer deixando-se incorporar pelo outro, através da autoentrega completa (ambos os aspectos caracterizam o comportamento de Shlink; o sadismo e o masoquismo aparecem sempre associados). O

---

3. Anagrama que Verlaine criou para si com base no próprio nome.

teor homossexual das relações certamente exaspera a solidão e o sadomasoquismo, acrescentando a esterilidade biológica e acentuando o isolamento e a segregação sociais.

Entretanto, nem as razões mais profundas da solidão, as "metafísicas", deixam de ser sugeridas, aliás com surpreendente precocidade quando se pensa nas preocupações bem posteriores do Teatro do Absurdo com os problemas da comunicação e da língua. Brecht constata com simplicidade aquilo que Beckett iria dizer cerca de quarenta anos depois: não há comunicação porque não há veículo de comunicação. Após a afirmação de Shlink de que "o infinito isolamento do homem" torna mesmo a inimizade em "alvo inatingível", Garga responde: "A língua é insuficiente para a comunicação". A resposta de Shlink: "Observei os animais. O amor – calor em virtude da proximidade dos corpos – é a nossa única graça nas trevas! Mas a união dos órgãos é a única, ela não transpõe a desunião da língua [...] Tão grande é o isolamento que nem sequer há luta."

Esse texto deve ser interpretado em conexão com uma fala de Garga, pouco depois. Tendo citado livremente, como ocorre repetidamente na peça, trechos de *Uma Estação no Inferno*, de Rimbaud, acrescenta, referindo-se às palavras que acabou de declamar: "Que tolices! Palavras, num planeta que não se encontra no centro!" Essa perspectiva planetária e cósmica é adotada várias vezes na peça, aliás mais explicitamente na primeira versão (por exemplo, Shlink: "Voamos, Garga! Todo o sistema infernal, com enorme velocidade, em direção a um astro da Via Láctea").

A desunião da língua e a solidão – de que decorre a luta sadomasoquista em busca de contato – explicam-se, por sua vez, pela desimportância de um miúdo planeta perdido na imensidão do universo. O nosso planeta não se encontra no centro, ao contrário do que se pensava no mundo aristotélico-cristão-medieval. Aflora aqui a ideia da existência absurda do homem, visto o planeta que a sustenta ser sem valor e sentido, uma vez concebida a sua insignificância cósmica. As palavras proferidas numa estrela marginal, relativizada pela sua posição periférica, não podem arrogar-se validade por faltar-lhes todo ponto de referência absoluto. Não podem unir os seres humanos, depois de desfeita a fé no *koinos logos*, no *logos* comum, no espírito unificador. Sem centro, o "uni-verso" deixou de o ser, tal como o cosmos deixou de ser ordem e harmonia. Por isso mesmo os planetas, segundo uma palavra de Shlink, se tornaram "indevassáveis, fechados à razão humana: num mundo absurdo não se pode esperar congruência entre a razão e o ser".

À marginalização humana em escala cósmica corresponde aquela na escala dos seres vivos. Shlink exalta, em face do isolamento do homem, a "floresta": "Daí é que provém a humanidade. Peludos, com dentes de símios, boas feras que sabiam viver. Tudo era tão fácil. Eles simplesmente se estraçalhavam."

O sentido disso é análogo ao do grande solilóquio de Yank, protagonista de *The Hairy Ape* (*O Macaco Peludo*, peça escrita por Eugene O'Neill, como a de Brecht, nos inícios da década de 1920). Defrontando-se no Jardim Zoológico com o Gorila, diz:

> Você não pode pensar, ou pode? Nem pode falar. Mas eu, eu posso fazer como se soubesse falar e pensar e isso dá quase certo – quase! E aí é que está o enguiço (*ri*). Não estou nem na terra, nem no céu, entende? Estou no meio e apanho de ambos os lados... Mas você tem terra firme debaixo dos pés.

Entende-se, a partir dessa colocação "saudosista", típica do romantismo e do expressionismo, o papel das "florestas negras" e "savanas" em face da selva das cidades de asfalto e ferro, assim como a possível fuga de Garga para Taiti, constantemente evocada na peça, sob a influência da aventura de Gauguin. A cidade representa toda a civilização atomizada, esvaziada de *koinós logos* (razão comum), símbolo máximo da marginalização e situação periférica do homem. Romper a "muralha que cerca a Europa", esse clamor de Rimbaud foi de impacto imenso sobre o expressionismo, principalmente através do poema

O Barco Ébrio, cujos ditirambos cantam, em cascatas de visões e alucinações, a dissolução da forma "desterrada" e a união mística com a natureza e o universo.

Todavia, a peça de Brecht, enquanto ainda manifestação dessa atitude – mais unívoca, aliás, em *Baal* –, é ao mesmo tempo a sua superação e, com isso, já uma denúncia do expressionismo. Na primeira versão, Shlink e Garga são expoentes de ambas as posições, ao ponto de os dois de certo modo se confundirem. Na segunda versão, a superação (da atitude expressionista) cabe sobretudo a Garga; certas falas que na primeira versão pertenciam a Shlink, na segunda são atribuídas a Garga (o que indica que, de início, ambos funcionavam, igualmente, como projeção subjetiva, tipicamente expressionista, das preocupações do autor). A linha de desenvolvimento de Garga torna-se assim mais clara na segunda versão (enquanto Shlink permanece o mesmo). Garga, de início, identifica-se nitidamente com Rimbaud. Através das citações indica que assumiu o papel do poeta. Ao fim da peça, se distancia do verbo rimbaudiano ("Que tolices! Palavras, num planeta que não se encontra no centro!" Na primeira versão esse trecho é proferido por Shlink). Essa renúncia às "palavras" – que, aliás, é a do próprio Rimbaud – mostra a transformação íntima de Garga, a negação do idealismo romântico do início e, com isso, da própria retórica expressionista e do "caos" que, no fundo, é a busca do absoluto; a nova posição será a da aceitação fria e cética da realidade no seu relativismo; Garga irá a Nova York e não ao Taiti; não se trata de vencer e sim de sobreviver. Ao proferir as últimas palavras da peça – "O caos terminou. Foi o melhor tempo" –, Garga *guarda* o dinheiro proveniente da venda da empresa madeireira deixada por Shlink – o mesmo dinheiro que, no início da peça, recusara. Na medida em que Shlink escolheu Garga como parceiro da luta para demonstrar que é possível "desmontar" um homem, ele sem dúvida venceu. Porém, na medida em que, homem com sede do absoluto, escolheu Garga por causa da sua atitude inicial inflexível, ele sem dúvida perdeu, e essa derrota se manifesta no desprezo que mostra ante o relativismo final de Garga. O fato é que a luta desmontou Garga, e essa "transmontagem" de um ser humano em outro, bem diverso, será o tema central da próxima peça, *Um Homem É um Homem*. Nessa obra, uma das personagens, usando quase as palavras de Garga, irá dizer:

> A técnica intervém. No torno e na produção em série o homem grande e o homem pequeno são iguais, mesmo no tocante à própria estatura. A personalidade!... Que diz Copérnico? O que é que gira? A Terra gira. A Terra, portanto, o homem. Segundo Copérnico. De modo que o homem não se encontra no centro... O homem não é nada. A ciência moderna provou que tudo é relativo [em *Galileu*, as conclusões daí decorrentes serão bem diversas, de modo algum niilistas].

O afastamento do expressionismo reflete-se nitidamente na linguagem da peça. É verdade, no que se refere ao plano verbal, que Brecht nunca aderiu totalmente a esse movimento, à sua retórica, aos seus excessos exclamativos, aos seus gritos patéticos. Mas não há dúvida de que as duas primeiras peças mostram maior afinidade linguística com o expressionismo, a primeira também na composição geral. Em *Na Selva das Cidades*, apesar de muitos elementos tipicamente expressionistas, o plano verbal tende muito mais a uma sobriedade e frieza que, em seguida, irá distinguir o Neue Sachlichkeit (o novo realismo ou objetivismo da segunda metade da década de 1920). É constante o esforço, um pouco amaneirado, de alcançar o *understatement* (meias-palavras) anglo-saxônico, visível até na tradução literal de torneios ingleses, completamente deslocados no contexto alemão, assim como a busca de uma atitude esportiva, por assim dizer de músculos relaxados (exercícios para "soltar" os músculos, contrapostos à tradição alemã retesada e "militar" da ginástica de aparelhos, tornaram-se então amplamente difundidos). Em toda a peça manifesta-se um gesto estilístico cheio de negligência, secura e *nonchalance* (desleixo), como se as personagens cuspissem breves palavras, de cachimbo na boca. Essa linguagem refrigerada denota a tentativa de disciplinar o elã ainda expressionista e de recobrir a matéria vulcânica e caótica com uma camada linguística isolante. Nesse esforço de se distanciar do emocionalismo expressionista percebe-se, pela primeira vez, o uso contínuo e coerente do "distanciamento".

III. A Respeito da Tradução de *Na Selva das Cidades*

Trata-se de um texto difícil, em certos momentos de altíssima qualidade poética. Na peça, chocam-se diversos níveis estilísticos, desde o rude jargão esportivo e a linguagem dos malandros até os trechos adaptados de Rimbaud. A tradução de Kander, Peixoto e Borghi pode ser considerada como uma primeira aproximação que, de um modo geral, satisfaz as exigências momentâneas de uma representação, mas que ainda é insuficiente de acordo com critérios literários rigorosos. Não aprovaria a versão caso se visasse uma publicação. Mas parece-me razoável aprová-la para fins estritamente teatrais.

É evidente o grande esforço envidado para transpor o original em termos capazes de se comunicarem no momento fugaz da representação. Daí a versão um tanto "explicativa", que nem sempre respeita a linguagem extremamente elíptica do original. De um modo geral, porém, a tradução é bastante fiel, ou pelo menos esforça-se para sê-lo.

Devo acrescentar que o texto, tal como chegou às minhas mãos, deve ser cuidadosamente revisto, já que há nele diversos erros, na maioria dos casos aparentemente de transcrição (em alguns casos, parece ter claudicado a apreensão plena do texto). Assim, consta na página 2 "com parcialidade", em vez de "sem parcialidade". Em outra parte, lê-se oeste em vez de leste, "saúde de ferro" em vez de "membros de ferro", ódio em vez de ira. Como exemplo de tradução demasiado explicativa, citarei: "Palavras vazias, num planeta que não é nem o centro do universo", em vez de "Palavras, num planeta que não está no centro". A ideia é, provavelmente, a de que num planeta que, desde Copérnico, perdeu a sua posição central, as palavras – todas, não apenas as vazias – deixaram de ter sentido, visto que não há mais a antiga ordem universal

112

significativa. A explicação "dentro do universo", em vez de apenas "centro", parece-me admissível. Já a versão "que não é nem o centro do universo", não capta exatamente o sentido de "não está no centro". O texto original sugere que não *está mais* no centro, além de comunicar uma sensação de planeta deslocado e perdido na vastidão do universo.

Tais sutilezas, no entanto, embora importantes no caso de uma publicação, não me parecem pesar tanto no caso de um trabalho feito para fins estritamente cênicos.

Um Homem É um Homem[4]

Na comédia *Um Homem É um Homem*, Brecht narra a história de um cordato estivador irlandês na Índia que sai para comprar um peixe – a mulher já põe a água para ferver – e que não volta nunca mais. No caminho, encontrou uma pequena unidade de soldados do exército colonial inglês que perderam um camarada ao roubarem um templo nativo. Necessitando substituir o companheiro perdido, desmontam Galy Gay, o pacífico irlandês, e o transformam em soldado feroz. *Quod erat demonstrandum* (como foi demonstrado). Somos números intercambiáveis.

A parábola afigura-se extremamente simples. Ninguém ignora que a disciplina militar transforma o frouxo civil em soldado aguerrido. O uniforme torna a variedade uniforme; o uniformizado renuncia ao particular ("ao peixe particular", como reza o texto) para integrar-se no coletivo. O exército serve, no caso, de símile da sociedade moderna, que desmonta e remonta o indivíduo para que, "socializado" e despido das suas características pessoais, passe a funcionar como peça uniforme, adaptado à engrenagem. A ideia subjacente é que o processo de produção moderno é perturbado no seu funcionamento por funcionários desiguais, peças mal aferidas.

4. Manuscrito sem data.

Um Homem É um Homem (1924-1926), embora não suceda imediatamente a *Na Selva das Cidades*, relaciona-se de perto com esta, apresentada numa encenação poderosa, conquanto discutível, por José Celso Martinez Corrêa (Oficina, 1969). Ambas as peças – e não só estas – giram em torno do mesmo problema da "personalidade" e do "indivíduo". O problema é de fato uma preocupação constante de Brecht. Liga-se às concepções modernas sobre a situação precária do indivíduo na sociedade e no universo – concepções bastante afastadas da visão tradicional, cujos expoentes exaltavam a personalidade como um ser autônomo, livre, racional, singular, rigorosamente definido. Essa visão reflete-se no herói teatral clássico, tal como aparece no teatro pós-renascentista, que tende a celebrar a grande personalidade, substituindo o destino exterior pela lei interna do caráter particular. Não se levavam em conta os múltiplos condicionamentos realçados, em seguida, por antropólogos, sociólogos, psicólogos etc., cujas teorias modificaram profundamente a imagem do ser humano.

Apesar de muito diferentes, é evidente a continuidade de *Um Homem É um Homem* em relação a *Na Selva das Cidades*. Nesta, o malaio Shlink pretende induzir o livreiro Garga a se vender, isto é, a mudar a opinião sobre um autor, oferecendo-lhe somas cada vez maiores. Shlink deseja, de fato, comprar Garga integralmente, apossar-se dele, da sua individualidade. Quer desmontá-lo, exatamente como ocorre a Galy Gay (que também é comprado pela promessa de um negócio). Todavia, ao contrário do estivador, que cede sem dificuldade, Garga resiste e luta, representante que é, no início, do idealismo romântico-expressionista. Ao fim, contudo, aceita o dinheiro e renuncia à sua "personalidade". Essa renúncia é marcada pela negação de Rimbaud com que até então Brecht se identificara. Depois de citar trechos de *Uma Estação no Inferno*, exclama: "Que tolice! Palavras, num planeta que não se encontra no centro!" Na perspectiva cósmica, a importância da personalidade humana anula-se, mormente num planeta miúdo, perdido na imensidão do universo, sem a posição central que lhe atribuíra o pensamento aristotélico-medieval. Em *Na Selva das Cidades*, a marginalização do ente humano num planeta periférico faz aflorar a ideia da existência absurda do homem (sabe-se, todavia, que o homem renascentista, apesar de reações às vezes pessimistas à nova concepção copernicana, tendia, antes, a sentir-se liberto e mesmo exaltado na sua humanidade e individualidade. Exemplo disso é Giordano Bruno. No seu *Galileu*, Brecht iria acentuar *este* aspecto).

Exatamente o mesmo ponto de vista de *Na Selva das Cidades* é realçado em *Um Homem É um Homem*, aliás, com palavras semelhantes. O soldado Jesse, ao se realizar a transmontagem de Galy Gay, assinala que se trata de um "evento histórico": a personalidade é examinada debaixo do microscópio, estuda-se a cara no que tem de característico:

A técnica intervém. Ao pé do torno e da esteira rolante o grande e o pequeno homem são iguais, mesmo na estatura. A personalidade! [...] Que diz Copérnico? Que é que gira? A Terra gira. A Terra, portanto, o homem. Segundo Copérnico. De modo que o homem não se encontra no centro... O homem não é nada. A ciência moderna provou que tudo é relativo [...]

Brecht mistura nesse trecho, de forma curiosa, a concepção cósmica com a social (que se imporá cada vez mais); mas ambas concorrem igualmente para ironizar a empáfia do homem, destituído de importância pela marginalização planetária e despersonalizado pela engrenagem anônima do nosso "mundo administrado". Brecht baseia a tese da "indeterminação", instabilidade e transformabilidade da pessoa não somente na sociologia que então começava a estudar, como também em teorias filosóficas então em voga (talvez o positivismo de Ernst Mach, professor de Einstein; ver também as ideias de Pirandello). Numa entrevista (1926), Brecht afirma: "A mobilidade do mundo exterior leva-o [o homem] a uma constante transformação interna. O Eu contínuo é um mito. O homem é um átomo em constante decomposição e recomposição."

Em radiodebates da mesma fase, Brecht apoia a "destronização do indivíduo" e fala do fim dos "grandes homens singulares" de Shakespeare, que surgiram no Renascimento. Vale mencionar que, já em 1773, Louis-Sébastien Mercier, no seu ensaio "Du Théâtre", recomenda o "drama", gênero intermediário entre a tragédia e a comédia, visto que nele o interesse pela multiplicidade dos movimentos humanos substitui o "herói" ou protagonista único.

É precisamente por isso que Brecht começa a se empenhar então por um "novo teatro", o "teatro épico", capaz de ultrapassar, pelo comentário e pela narração objetivos, o diálogo subjetivo, interindividual, dos "grandes caracteres" para poder demonstrar, com "objetividade científica", a relação do indivíduo despotencializado com as forças anônimas da engrenagem. Brecht supõe que o nosso tempo possa ser representado, melhor do que por uma "personalidade", pela sua dissolução em ente anônimo (o que, de certo modo, corresponde à tipologia de David Riesman, opondo pessoas intradirigidas às alterodirigidas da sociedade industrial desenvolvida, no seu livro *The Lonely Crowd*[5]). Não importa insistir na concepção imatura e unilateral do jovem Brecht acerca da desimportância do indivíduo. De qualquer modo, ressalta que a introdução do teatro épico se deve não só a propósitos didáticos, mas também à necessidade de apresentar, de forma impressiva, com o máximo peso, as forças objetivas da sociedade (simbolizadas, na peça, pelo exército inglês).

Não admira, portanto, que seja precisamente nesta peça, na qual se desmonta o indivíduo, que Brecht começa a ensaiar o teatro épico para demonstrar didaticamente as forças objetivas que o desmontam. A forma parabólica da obra introduz, desde logo, forte teor épico, já que a parábola pressupõe o narrador, que sugere a analogia. O drama puro, em que personagens vivem seu drama "realmente", não pode ter o caráter da parábola, na qual se narra uma fábula apenas

5. Trad. bras.: *A Multidão Solitária: Um Estudo da Mudança do Caráter Americano*, São Paulo: Perspectiva, 2. ed., 1995.

para demonstrar, pela analogia, uma verdade geral. Ademais, a transmontagem de Galy Gay é ilustrada e demonstrada ponto por ponto – com direção para o público – em cenas que jogam com o recurso épico do teatro no teatro, ou melhor, do circo no teatro, acompanhadas de comentários e antecedidas do conhecido prólogo da Viúva Begbick:

O sr. Bertolt Brecht afirma: um homem é um homem
Eis uma coisa que todos podem afirmar.
Mas o sr. B.B. demonstra, a seguir
Que com uma pessoa se faz o que se quer.
Hoje, aqui, um sujeito é desmontado como um carro
E remontado sem que perca parte nenhuma.
[...] Solicita-se-lhe [...]
Que se adapte ao curso do mundo
E que deixe nadar o seu peixe particular.
[...] Se não o vigiarmos, pode-se, num piscar de olhos
Transformá-lo até em nosso carrasco [...].

É explicado, didaticamente, que um homem, mormente nas míseras condições de Galy Gay, "transforma-se por si mesmo. Se o jogam numa poça de água, crescem-lhe, dentro de dois dias, barbatanas entre os dedos. A razão disso é que nada tem a perder".

Nota-se, em toda a peça, o uso metafórico da água como o elemento por excelência maleável. A fluidez e relatividade de todas as coisas e sobretudo do homem, fadado a dissolver-se e transformar-se (tema constante do jovem Brecht, de início num plano quase místico de entrega ao metabolismo universal), são acentuadas pelos comentários da Viúva Begbick, que, de resto, também se transformou e perdeu o seu (bom) nome, isto é, a sua individualidade anterior. Ela canta:

Não nomeia com tamanha precisão o teu nome. Para quê?
Pois constantemente nomeias outrem com ele.

Seus comentários poéticos têm cunho heraclitiano e, ao mesmo tempo, "chinês". O teor chinês provavelmente se deve à influência de Alfred Döblin, cujo romance *Os Três Saltos de Wang-Lun* (1915) Brecht lera com entusiasmo (a ponto de surgir, em plena Índia, a personagem do bonzo chinês de nome Wang). No romance de Döblin, um revoltoso chinês aprende a "calar-se e a não resistir", a "aderir flexivelmente aos eventos", como "água à água". Os comentários poéticos da viúva giram, todos, em torno do "fluxo das coisas" ("Nunca te fixa na onda" e "Por mais que contemples o rio que passa"). No fluxo de tudo, "das coisas seguras, a mais segura é a dúvida"[6].

Como Galy Gay e a Viúva Begbick, transforma-se também o soldado Jeraia Jip (que assume o papel de um deus) e desmonta-se a cantina da viúva ("a superfície mutável da terra"). Quanto ao sargento Fairschild, que vive entre o rigor puritano do regulamento militar e o assanhamento sensual, percorre caminho inverso ao de Galy Gay: transforma-se de soldado feroz em frouxo civil, isto é, em indivíduo particular. O "peixe particular", do qual Galy Gay desiste, é o desejo sexual que arruína o rude sargento. Além da sensualidade pessoal, aniquila-o ainda a insistência no seu apelido particularizador, o "Cinco de Sangue". Não querendo renunciar às falsas peculiaridades, persistindo na sua pretensa personalidade original e máscula, ele despe o uniforme e perde com isso a força e a própria masculinidade. A primeira versão da peça apresenta, com efeito, a cena da autocastração perpetrada para honrar o apelido sangrento e para comprovar, paradoxalmente, o seu machismo. Galy Gay que, bem ao contrário, se amolda, se integra na massa e não sabe dizer "não" (o tema da "concordância" é retomado na peça *Aquele Que Diz Sim, Aquele Que Diz Não*), não só não perde parte nenhuma (segundo o texto alemão), como também se agiganta e se torna (nas últimas cenas da primeira versão) uma invencível máquina de combate.

Certas incoerências da peça foram cedo criticadas, visto que as "contradições dialéticas" ainda não se haviam tornado

---

6. Nota à mão de Rosenfeld: "Ver a importância da *chuva*!!"

chavão. O fato é que a dissolução da personalidade particular é concebida de forma positiva e, ao mesmo tempo, negativa. Negativa enquanto imposto por uma sociedade desumana, e positiva enquanto a eliminação das particularidades especiosas e fúteis torna o homem forte. Os críticos admitiram: quem se integra no coletivo, tira dele sua força. Todavia, pretenderia Brecht exaltar a integração no exército colonial inglês ou em qualquer coletivo correspondente? Diante das dúvidas suscitadas, Brecht manifestou-se com frequência sobre a peça. Um tanto ambígua é uma opinião sua de 1927:

> Galy Gay não é um fracalhão, ao contrário, ele é o mais forte. É verdade, só se torna o mais forte depois de ter deixado de ser uma pessoa particular, só na massa se torna forte [...] Entretanto, vocês talvez formem uma opinião totalmente diversa. Quanto a mim, eu seria o último a fazer objeções a isso.

Todavia, em 1954, no escrito *Revendo Minhas Peças*, considera o protagonista: "Um herói socialmente negativo, embora retratado não sem simpatia". Prosseguindo, diz: "O problema da peça é o coletivo falso, maligno, e sua força de sedução, aquele coletivo que então foi mobilizado por Hitler e seus financiadores".

É claro que essa interpretação tardia não coincide exatamente com o significado inerente ao texto. Deste, há duas versões principais. A segunda, sem as duas cenas finais que mostram o crescimento selvagem de Galy Gay, foi adotada na encenação do Teatro Anchieta. A interpretação correta da peça dependerá do diretor[7].

A obra, além do seu valor intrínseco, é também de grande interesse para o estudioso do desenvolvimento de Brecht. Nessa peça, o homem já é concebido como mutável, como

---

7. O diretor Emílio Di Biasi, mostrando perfeita compreensão das intenções brechtianas, conseguiu na sua encenação inteligente e imaginativa evitar qualquer mal-entendido, sem anular a rica ambiguidade da peça. A encenação é prejudicada, principalmente no primeiro ato, pelo excesso de elementos circenses e pantomímicos, em boa parte supérfluos. (N. do A.)

são mutáveis as condições. Não há uma "natureza humana" fixa. O homem e o mundo são apresentados como processos. Mais tarde, será reforçada a posição do sujeito em face das condições objetivas, interpretadas na sua historicidade. Embora moldado por estas, o sujeito pode, por sua vez, moldá-las. Em plena maturidade, Brecht repetirá num poema:

> Quem ainda vive, não diga nunca nunca.
> O seguro não é seguro.
> Assim como é, a coisa não permanece.

A Ópera dos Três Vinténs[8]

Foi em 1928, exatamente duzentos anos após o triunfo da *Beggar's Opera* (Ópera dos Mendigos), de John Gay, que estreou em Berlim a *Ópera dos Três Vinténs*, "musical" que iria tornar Brecht e Weill mundialmente famosos e que lhes renderia o maior êxito de suas carreiras. Desde então, poucos países de certa expressão no campo teatral deixaram de apresentar a curiosa "ópera". A encenação no Teatro de Lys, em Nova York (março de 1954), manteve-se durante mais de sete anos em cartaz, ao que parece o recorde absoluto na Broadway. Fenômeno curiosíssimo: Brecht na Broadway, durante sete anos.

O texto da *Ópera dos Três Vinténs* baseia-se no da peça de John Gay, acima mencionada (com música de Pepusch). Trata-se de uma espécie de ópera bufa vaudevile ou *Singspiel* (peça alegre, com diálogo falado e interlúdios musicais, forma intermediária entre ópera e comédia, que antecipa de certo modo a opereta e o "musical" moderno). O *Singspiel* alemão, muito influenciado pela peça de Gay, apoiava-se geralmente em entrechos que destacam a diferença entre a vida rural e a citadina (naturalmente corrupta) e era tradicionalmente apresentado por atores e não por cantores,

8. Originalmente publicado em A. Rosenfeld, *Teatro Moderno*, p. 160-166.

fato que impunha a preponderância do texto e da parte declamada. Gay, amigo de Pope e Swift, escreveu a sua *ballad-opera* visando a dois objetivos fundamentais. Desejava, antes de tudo, fazer uma paródia à ópera de G. F. Händel. Radicado desde 1712 na Inglaterra, como compositor e empreendedor teatral, Händel impôs ali a ópera italiana (napolitana), logo considerada por muitos círculos ingleses como "alienada". Com efeito, o tremendo êxito da peça de Gay levou o compositor alemão a fechar a sua empresa (1728). Também a peça de Brecht-Weill se dirige contra a ópera da época, sobretudo a wagneriana, mas igualmente contra a do próprio Händel, que, precisamente na década de 1920, passou na Alemanha por um verdadeiro renascimento. Como Gay, os expoentes mais avançados dos *roaring twenties* (barulhenta década de 1920) – década de que a *Ópera dos Três Vinténs* iria ser uma das expressões mais características – consideravam a ópera tradicional como "alienada".

Em segundo lugar, a obra de Gay é uma sátira à aristocracia inglesa da época. Visa em particular ao primeiro-ministro sir Robert Walpole (retratado em Peachum, na peça de Gay recebedor de objetos roubados). Através da peça inteira, o autor equipara a *high society* (alta sociedade) ao submundo londrino. Dirigindo-se, à maneira brechtiana, ao público, o autor declara por intermédio de uma das personagens:

> Certamente tereis observado tal semelhança de costumes na vida da alta e da baixa sociedade que se torna difícil determinar se [...] o cavalheiro fino imita os bandidos ou os bandidos imitam o cavalheiro fino.
>
> Não deveis acreditar, assevera outro, que o mundo faz objeção a um criminoso enquanto rico.

Todavia, os bandidos e prostitutas de Londres, que vivem em alegre conluio com os expoentes da lei e da ordem, não chegam a ser pretensiosos. Confessam, contritos, que "mal somos melhores do que os políticos". A filosofia cínica da peça, com sua alegria amarga, é expressão de um moralismo desiludido, baseado na experiência de que o homem (pelo menos o citadino) não presta. Dos grandes, pouco se espera; mas nem sequer os pequenos chegam a ser tão puros como lhes cabe. Com a deplorável diferença – diz uma das personagens – de que só os coitados são castigados pelos seus crimes.

Brecht segue, em linhas gerais, a peça de Gay, particularmente no tocante à trama geral que envolve o herói e bandido Macheath em amores com Polly (filha de Peachum, que já não é recebedor de ladrões e sim chefe dos mendigos) e Lucy (filha de Brown, chefe da polícia); amores que o levam por duas vezes quase à forca: quase, pois como já afirma Gay, uma ópera que se preza deveria ter um *happy end*. Brecht, no entanto, introduziu novas cenas, por exemplo, a da festa do enlace matrimonial de Macheath e Polly na estrebaria, e reescreveu por inteiro o diálogo, mais seco, mais áspero e ainda mais cínico do que o de Gay. Ademais, todos os *songs* são de Brecht, conquanto boa parte deles se baseie em Villon e Kipling.

Como a ópera de Gay, a de Brecht-Weill é, além de paródia à ópera tradicional, sátira social. A peça vergasta a moral dominante e o estado geral de uma sociedade que, longe de viver "na" moral, estaria vivendo "da" moral, isto é, que ao invés de observar os preceitos morais, se teria especializado em usá-los para fins amorais. A revelação dos negócios escusos dos *gangsters* e dos policiais pretende ser, como no caso de Gay, imagem da *high society*, agora já não tão aristocrática e sim burguesa. Brecht pede, nas notas acrescentadas à peça (trata-se de um dos textos inaugurais da sua teoria do teatro épico), que o bandido Macheath seja apresentado como "típico burguês". Também os seus colegas devem ser homens corretos e sólidos, "em parte barrigudos e, fora da vida profissional, sem exceção de comportamento cordial". Macheath vê-se, a si mesmo, como artesão representante de uma classe em ocaso:

Nós, pequenos artesãos burgueses, que trabalhamos com o singelo formão, abrindo as caixas fortes das pequenas lojas, estamos sendo devorados pelos grandes empreendedores apoiados pelos bancos... que é o arrombamento de um banco comparado com a fundação de um banco?

Macheath, aliás, está decidido a transferir-se para o "ramo bancário", motivo aproveitado em escala mais ampla no argumento que Brecht elaborou para a versão cinematográfica da peça.

Toda grande sátira vive de um *patos* moral. É verdade, comparada com a tremenda sátira de Aristófanes contra a democracia ateniense, a de Brecht é quase bem comportada, apesar da agressividade e da pose cínica que sobressai em alguns dos *songs*, mormente naquele em que Macheath e Jenny, dirigindo-se ao público, declaram: "Primeiro vem a pança, depois vem a moral". Todavia, se de máxima se trata, Brecht está longe de defendê-la; na realidade, pretende apontar apenas um fato e as razões que levam a ele. Como Gay, mas com desespero e indignação maiores, exclama através do coro: "Somente do crime é que o homem vive". Por trás do cinismo da pose há algo do sentido original do termo grego – a acusação a uma civilização julgada corrupta; acusação baseada, no caso dos cínicos gregos, num moralismo severo que, em última análise, inspirou tanto a peça de Gay quanto a de Brecht. Num dos *songs* mais importantes, cantado por Peachum, exprime-se, embora de um modo ambíguo, esse moralismo de Brecht que, mais tarde, se manifestaria num dos seus temas fundamentais: a visão do homem, senão bondoso, ao menos afável. Esse ideal modesto lhe parecia viável, por mais que, por experiência e intuição, se lhes revelassem os abismos da maldade humana. O moralista, e mais tarde o homem politicamente comprometido, se impôs a si mesmo, como Sócrates, a convicção de que não há nada mais duro e difícil do que ser maldoso; no fundo, o homem, se não é bom, ao menos quer sê-lo. Peachum canta:

> Ser um homem bom! Quem não gostaria de sê-lo?
> Dar seus bens aos pobres – por que não?
> Quando todos forem bons. Seu reino não estará distante.
> Na Sua luz, quem não gostaria de viver?...

> Mas neste planeta, infelizmente, como vemos?
> Os recursos são parcos e são brutos os homens.
> Quem não gostaria de viver em paz e concórdia?
> Porém há as circunstâncias – e essas não ajudam.

Juntamente com *Mahagonny*, a *Ópera dos Três Vinténs* faz parte da fase de 1927/1928 que, no desenvolvimento do jovem Brecht, se situa entre o expressionismo veemente e colorido dos inícios e a dura e ascética sobriedade das peças didáticas imediatamente posteriores. Em ambas as peças prevalece ainda o romantismo um tanto estridente (porém já posto entre aspas) que busca o exótico e primitivo num submundo mítico, repleto da magia de botequins e bordéis povoados de aventureiros, prostitutas, rufiões e mendigos. De entre as farras épicas sobem gargalhadas boçais a luas líricas, de cores rimbaudianas e toque surrealista, que iluminam as noites perversas ou místicas de Soho e Alabama. Nesse mundo montado de opereta, parque de diversões, revista, circo e cabaré, ressoam as baladas popularescas cantadas ao som do realejo, mas temperadas com a pimenta do *jazz*. A atmosfera é de desenfreada sensualidade; reina uma mistura fascinante de sentimentalismo demonstrativo e exarado – levado ao pastiche e ao *kitsch* –, de cinismo frio e deslavado e de *páthos* quase bíblico, como no coral "bachiano" do fim (acompanhado ao órgão):

> Não persegui em demasia a maldade; de tão frio que é
> O vício perece sozinho, morrendo congelado.
> Pensai nas trevas e no grande frio
> Que reinam neste vale que ecoa de lamentos.

Boa parte do êxito da *Ópera dos Três Vinténs* decorre sem dúvida da música de Weill. Contudo, a própria esposa do compositor, Lotte Lenya (a famosa intérprete de Jenny), reconheceu que Weill muitas vezes seguiu as ideias musicais de Brecht longamente discutidas e muitas vezes ilustradas na guitarra pelo dramaturgo. Brecht exerceu forte influência sobre todos os seus compositores. Sugeriu-lhes que os *songs*, ao invés de apoiar, deveriam interromper a ação e nunca dificultar o entendimento do texto. Exige que os atores separem nitidamente os níveis da fala comum, da fala intensa e do canto: "Nada é mais detestável do que o ator se dando o ar de quem não percebe, ao começar a cantar, que acaba de abandonar o terreno da fala comum."

O ator não deve seguir cegamente a melodia: "Há um falar-contra-música, que pode ter grandes efeitos oriundos de uma sobriedade tenaz, independente da música e do ritmo e nunca corrompida por eles."

A função da música, obviamente, diverge daquela da ópera tradicional. A música, o texto e os outros elementos, longe de se apoiarem e intensificarem mutuamente para constituir uma síntese de grande efeito opiático, deveriam, ao contrário, comentar-se e criticar-se reciprocamente, a fim de que "o espectador não seja levado pelo caminho da empatia".

Semelhantes concepções correspondem, de um modo geral, ao movimento musical que, desde a segunda década do século XX, foi iniciado por Stravínski, Satie e Milhaud (amigo íntimo de Weill e Hindemith), em parte da combinação com ideias expostas por Cocteau.

Se na fase imediatamente posterior às suas "óperas" Brecht riscou o *delectare* de Horácio em favor do *prodesse*[9], isto é, eliminou o elemento "culinário" em favor do didático, nestas peças ainda procura unir divertimento e moral, tornando saborosa a lição; tão saborosa, aliás, que a lição geralmente não foi tomada em conta pelo público. Precisamente a música que, no atrito com os outros elementos do conjunto, deveria ser fator importante de distanciamento didático, tornou-se a parte culinária mais gostosa, ainda que fosse por um equívoco. É que a música, dando-se de um modo emocional e não renunciando aos costumeiros estímulos narcóticos, deveria revelar a sua mentira e a do mundo que a criou, por ser cantada por bandidos e prostitutas. Weill

---

9. De acordo com Horácio, os fins da poesia são "agradar e educar" (*aut delectare aut prodesse est*).

utilizou os elementos formais da ópera romântica para que obtivesse – no ambiente da ralé – efeito caricatural e paródico. A música deveria negar-se a si mesma. O processo é semelhante àquele que Brecht usou em peças posteriores nas quais personagens abjetas declamam versos no estilo de Goethe e Schiller. Todavia, o teor fortemente ilusionista da música, que deveria chocar-se com o texto cínico e realista de personagens amorais, defrontou-se com um mundo de aura mítica e cunho romântico, de modo que o atrito distanciador não se verificou na medida desejada. Órgão e saxofone, em vez de entrarem em fricção, casaram-se às mil maravilhas. O malogro das intenções redundou em êxito comercial. Resultou em sete anos de Broadway.

De qualquer modo, estes *songs* "defumados" (na expressão de T. W. Adorno), estrídulos e berrantes, por vezes de um "expressivo" furioso, estas baladas à beira do esgar e do grotesco, oscilando entre a loucura e a trivialidade, entre o *Schmalz* e a caricatura, pretendem revelar a mentira e os "espectros" (sim, os de Ibsen), os traços satânicos de sonoridades mortas e *vermou lues* (pestilências) e, com isso, a mentira de toda uma sociedade carcomida. De entre os reflexos e ecos distorcidos do *Lumpenproletariat* e do realejo, sensacionalmente ampliados e parodiados por fórmulas e ritmos ríspidos de *jazz*, surge a fantasmagoria da época vitoriana e da *belle époque* da era burguesa, mas já esvaziada de seus mais elevados valores, reduzida a pó e detrito.

O imenso triunfo da *Ópera dos Três Vinténs*, se em parte é decorrência de um malogro e de um equívoco, explica-se também pelo fato de ela ofertar a todos aquilo que procuram. Aos "reacionários" o prato culinário, aos "progressistas" a lição. Aos sentimentais o sentimentalismo e aos sofisticados a possibilidade rara de (afinal!) se entregarem aos sentimentos, mas isso com boa consciência, visto que podem ao mesmo tempo rir-se dos sentimentos e, rindo, de outro lado se envergonhar (com que volúpia...).

A *Ópera dos Três Vinténs* é, apesar de tudo ou por isso mesmo, grande teatro, teatro teatral em todos os sentidos:

no cruel e no ameno. Profundamente incômoda, é uma joia de comodidade. É uma peça astuta, traiçoeira, mesmo e precisamente naquilo que ultrapassa, confunde, neutraliza e escapa às intenções do próprio autor. Como convém ao grande teatro, desnuda-nos a todos, sem excluir ao "pobre B.B.", despudoradamente moralista, a despeito de tudo!

A Alma Boa de Setsuan[10]

Graças à iniciativa do Teatro Maria Della Costa, levando à cena *A Alma Boa de Setsuan*, o público brasileiro terá oportunidade de conhecer pela primeira vez, numa encenação "brechtiana", um dos grandes dramaturgos de nosso tempo. Ao que nos consta, nenhum *ensemble* profissional brasileiro apresentou até agora uma peça de Bertolt Brecht (1898-1956)[11], força das mais vivas da cena contemporânea. O teatro desse dramaturgo alemão está na origem de certas tendências modernas que, evitando produzir um público hipnotizado pela ilusão cênica, procuram elevar a emoção ao raciocínio e reflexão. O público que Brecht deseja é crítico, ativo, vigilante. Como demonstra *A Alma Boa de Setsuan*, um dos melhores exemplos do seu teatro épico e didático, o autor tudo fez para que a plateia seja ativada, quer pelo choque contraditório das cenas, quer pelo desempenho peculiar dos atores ou pelos *songs*, quer ainda

10. Programa do Teatro Maria Della Costa, set. 1958.
11. A primeira montagem de Brecht que consta ter sido feita no Brasil deu-se pela EAD – Escola de Arte Dramática, em 1951: *A Exceção e a Regra*, com tradução, direção, cenário e figurinos de Alfredo Mesquita, ver Repertório, em EAD – *Escola de Arte Dramática de 1948 a 1968: Alfredo Mesquita*, São Paulo: Secretaria de Estado da Cultura/Fundação Padre Anchieta, 1985, p. 124. No livro organizado por Wolfgang Bader, no Apêndice, Item III: Montagens de Peças de Brecht no Brasil, consta equivocadamente o ano de 1954. Por outro lado, fica-se sabendo de uma montagem amadora de *Terror e Miséria do Terceiro Reich*, direção de Walter Casamayer e Henrique Bertelli, feita no Salão de Festas da Apisp em 1945. Cf. *Brecht no Brasil: Experiências e Influências*, Rio de Janeiro: Paz e Terra, 1987, p.269.

pela maneira agressiva pela qual o público é interpelado e levado a se definir em face das situações.

Se o socialista Brecht deseja ensinar e esclarecer, o homem de teatro Brecht empenha-se em divertir seu público e mantê-lo sempre interessado. Não admite um teatro que seja enfadonho devido às suas implicações didáticas. Quando um crítico disse que Brecht desejava dar ao público pão, exigindo ao mesmo tempo que o saboreasse como doces, Brecht respondeu: "Forneço doces e espero que estes alimentem o público como pão".

De onde vem a alegria nas peças de Brecht? Ela vem do fato de que no seu mundo o mal não é definitivo. Mesmo as personagens perversas não o são na sua essência, como que por desígnios metafísicos. O mal resulta das condições sociais, e estas podem ser modificadas. Não há maior volúpia do que fazer o bem; é por vezes a nossa posição na sociedade que nos corrompe, ou é a pressão das circunstâncias que nos impõe atos contrários aos nossos mais profundos desejos. Alguns talvez se inclinem a considerar ingênuo o otimismo, embora limitado, de Brecht. No fundo, o que visa é mostrar que os dez mandamentos podem ser cumpridos, uma vez criadas as condições necessárias para cumpri-los.

Por isso, Chen-Té e Chuí-Tá, tão contrários, são contudo uma única figura. Eles constituem uma unidade contraditória ou, nos termos de Brecht, uma unidade dialética. Pode haver sátira mais contundente do que a de mostrar como uma pessoa, por ser boa, tem de se tornar maldosa, e só sendo ruim é capaz de fazer o bem, de ter veleidades filantrópicas? Há nisso algo de tremendamente hilariante. Vê-se que o otimismo de Brecht é bem limitado. De qualquer modo, Chuí-Tá não é nenhum demônio. Apenas se "defende" nas circunstâncias pouco auspiciosas da sua terra, ou melhor, apenas defende a sua ingênua prima Chen-Té. Não se trata de duas entidades rigidamente opostas, não há nenhum "espírito maligno" travando a eterna luta contra o "espírito benfazejo". Longe disso. Chuí-Tá nasce da resolução de Chen-Té, forçada pelas condições a se alienar de si mesma; a maldade cresce na própria alma da boa Chen-Té, mas o duro e inflexível Chuí-Tá, por sua vez, não deseja nada com mais ardor do que voltar a ser a bondosa Chen-Té.

Tudo isso não tem nada a ver com psicologia. Brecht não está interessado na psicologia como um fim em si mesma: a psicologia lhe interessa apenas na medida em que ela contribui para nuançar as personagens que ilustram a dialética das suas fábulas. Por isso, é duplamente difícil a tarefa que impõe aos atores.

Pois estes, enquanto têm de identificar-se nos mínimos detalhes com as características psicológicas exigidas pelos papéis, devem ao mesmo tempo permanecer suficientemente distanciados de seus papéis para mostrar ao público que o que importa não é a psicologia ou a "eterna" essência do ser humano, mas sim as condições sociais que podem ser modificadas. Cabe-lhes demonstrar ao público que as personagens não agem fatalmente assim como agem, que poderiam agir de forma diversa em circunstâncias diversas.

A grande acusada é a sociedade; seus valores mais altos se manifestam nos deuses que só encontram abrigo nos corações dos ingênuos e puros, forçados a se prostituírem. Mas de juízes e acusadores os deuses se transformam em acusados, porque se não podem renunciar aos seus mandamentos, tampouco admitem que o mundo seja modificado para que os mandamentos possam ser cumpridos. Acham que tudo está em ordem. A paródia desse tribunal alcança toques grotescos quando as divindades, figuras deliciosamente impotentes, se despedem na sua nuvem cor de rosa, cantando o terceto dos "deuses que desaparecem". Os clássicos versos do idealismo alemão, troqueus primorosamente compostos, criam no contexto um *páthos* sumamente cômico. O realismo poético de Brecht, que se manifesta em *A Alma Boa de Setsuan* em toda a sua graça e força, certamente não deixará de exercer influência no teatro brasileiro, a partir dessa apresentação pioneira. Essa encenação de uma das melhores obras de Brecht talvez represente também uma espécie de quebra-gelo, abrindo aos palcos brasileiros o manancial das pesquisas teatrais alemãs, das mais importantes e audaciosas neste século, mas ainda pouco conhecidas das plateias brasileiras, a não ser nos efeitos indiretos. Através de Brecht difundir-se-á, na sua própria fonte, uma das correntes mais fecundas do teatro moderno, corrente com que o público brasileiro geralmente se familiarizou por intermédio de discípulos de Brecht, dos quais poucos alcançaram o vigor do mestre. Se Brooks Atkinson, por ocasião da estreia de *A Alma Boa de Setsuan*, na Broadway, disse que pouco de novo havia nessa maneira de escrever peças – já que se tratava apenas da renovação das velhas *moralities* medievais –, o próprio Brecht concordaria, pelo menos em parte. No entanto, essa renovação visa a fins bem atuais e se serve de recursos originalíssimos.

Apesar da possível liberdade na concepção geral, admitida pelo próprio Brecht, a encenação do Teatro Maria Della Costa segue de perto os processos propostos pelo autor e concretizados no Ensemble de Berlim – teatro dirigido por Helena Weigel, viúva de Brecht. Assim, o público paulistano terá o privilégio de assistir a uma autêntica versão brechtiana, também no que se refere à partitura musical de Paul Dessau, elaborada em estreito contato com o autor; versão que, temos certeza, nos *decors*, na marcação e na técnica peculiar do desempenho dos atores, se mantém fiel ao espírito do grande dramaturgo.

O Senhor Puntila e Seu Criado Matti:
A Cordialidade Puntiliana[12]

Foi em 1940, na emigração, enquanto se encontrava na Finlândia, que Bertolt Brecht escreveu *O Senhor Puntila e Seu Criado Matti*, baseando-se num esboço dramático e em narrações da escritora Hella Wuolijoki, em cuja casa se hospe-

12. Originalmente publicado em A. Rosenfeld, *Teatro Moderno*, p. 167-176.

130

dara. Entre as grandes obras da maturidade, *O Senhor Puntila e Seu Criado Matti* é a de cunho mais popular e humorístico. O Ensemble de Berlim, o famoso teatro de Brecht, iniciou em 1949 a sua atividade oficial com a apresentação dessa peça.

Seu motivo central, ao mesmo tempo jocoso e profundo, já fora explorado anteriormente por Chaplin (*Luzes da Cidade*), a quem Brecht muito admirava. Não é, portanto, novo o caso dos dois caracteres de Puntila, homem afetuoso quando embriagado, homem egoísta quando sóbrio. Nova é a maneira como Brecht aproveita a curiosa duplicidade que desintegra a personalidade do fazendeiro. A partir dela, analisa a dialética inerente às relações entre senhor e criado – tão bem exposta por Hegel – e, concomitantemente, procura elucidar certos aspectos da sociedade de classes.

A exposição didática – e divertida – de semelhante tema requer, segundo Brecht, os recursos do teatro épico. Com efeito, *O Senhor Puntila e Seu Criado Matti* não se atém à dramaturgia tradicional, aristotélica. Apesar da fabulação saborosa, a peça não tem unidade de ação, continuidade de uma intriga a desenvolver-se até o desenlace final. Seria difícil chamar de "enredo" o noivado precário de Eva, filha de Puntila, com o adido diplomático – realmente o único esboço de um argumento contínuo. Muito menos se encontrará o encadeamento tradicional de uma ação tensa, com conflito central, clímax, desfecho. A peça, ao contrário, é constituída de uma sequência solta de episódios de certo modo independentes, cada qual com seu próprio clímax. Os quadros repetem, em essência, a mesma situação, variando-a, focalizando-a de diversas perspectivas. Todos eles ilustram, de um ou de outro modo, a relação senhor-criado, principalmente através do comportamento do patrão e de seu empregado. A cena do mercado dos trabalhadores generaliza e acentua a situação fundamental que se reflete, transposta em outro nível, nas relações do pai Puntila para com a filha, nas relações desta para com o noivo oficial, o diplomata, e para com o criado. Na balada da condessa e do guarda-florestal o tema ressurge, como se manifesta ainda na canção das ameixas que acompanha e grifa ironicamente os vários noivados do fazendeiro.

A "Canção de Puntila", que a cozinheira dirige entre os quadros ao público, acentua o caráter solto, poético-baladesco, da peça, transformando esta em ilustração do canto e este em comentário da peça. A ligação entre os doze quadros baseia-se, pois, muito mais que numa ação contínua (que de fato mal existe), no tema central, exemplificado por tantos episódios e canções e, principalmente, pelo comportamento do patrão e do empregado. Os versos do prólogo e do epílogo, emoldurando a peça, encarregam-se de acentuar bem a lição, como ocorre na dramaturgia dos fins da Idade Média e do Renascimento. Ao término, a relação entre Puntila e Matti se dissolve, pois que "água não se mistura com óleo", e com isso "dissolve-se" também a peça. Seria difícil falar de fim ou desfecho. Não há mortes, nem casamentos. Não há nenhuma cena dramática de ruptura violenta das relações – Matti simplesmente vai embora. A peça não conclui, portanto. Muito embora Matti se demita, a situação entre senhor e criado continua. Ambos irão ao mercado dos trabalhadores, Puntila para procurar outro criado e Matti para procurar outro patrão. A peça não tem desfecho, mantém-se aberta, como *A Boa Alma de Setsuan* ou *Mãe Coragem*, porque ilustra apenas uma situação fundamental que continua. O problema levantado pela obra não é o "bom patrão" ou o "mau patrão", mas o patrão, simplesmente. Por isso, Matti diz no epílogo que os criados encontrarão o senhor bom de verdade somente quando se tornarem os seus próprios senhores. Somente então terminará a peça.

Os momentos estruturais apontados, totalmente contrários à unidade e à continuidade do drama aristotélico – com início, meio e fim –, tornam esta peça uma das mais consequentes do teatro épico, cuja teoria Brecht então já levara ao amadurecimento. Duas razões fundamentais fizeram com que a elaborasse. A primeira decorre da convicção antropológica de que a pessoa humana é o conjunto de todas as relações sociais. Cabe integrá-la, pois, num mundo amplo, mostrando não só os "navios inclinados" – como se fazia no teatro clássico – mas também a "tempestade que os inclina", isto é, as forças anônimas que atuam sobre o indivíduo. Esta razão do teatro épico encontra ampla expressão em *O Senhor Puntila e Seu Criado Matti*. O prólogo e o epílogo apresentam uma situação geral, aquela em que, segundo Brecht, reina "Certo animal pré-histórico/*Estatium possessor*, em português chamado fazendeiro", com quem seria difícil manter relações duradouras, apesar de, no caso de Puntila, se tratar de um patrão que é "quase" um ser humano e até bastante simpático, ao menos no estado ébrio. Ao mesmo objetivo da ampliação social visam muitas falas de Matti: ao narrar os "casos" de sua vida, esboça todo um sistema econômico-social. Semelhante função cabe às cenas poéticas das noivas de Puntila, narrando a rotina de suas vidas, ou a longa história da contrabandista (quadro 8). O mesmo sentido tem ainda o esplêndido episódio do "teatro no teatro" em que a filha de Puntila procura desempenhar o papel de mulher do criado Matti. Os incidentes mencionados – e muitos outros – seriam impossíveis numa peça construída segundo os preceitos tradicionais. Seu cunho episódico desvia-se da "ação principal" do noivado de Eva e do adido. Tais cenas, não sendo exigidas pela ação, contrariam a concepção aristotélica, segundo a qual deve ser eliminado todo elemento que não tenha função causal, servindo como elo na trama do enredo. A sua função, em *O Senhor Puntila e Seu Criado Matti*, é outra: caracterizam as relações inter-humanas e pintam o pano de fundo social. Visto essas cenas não se explicarem pelo nexo causal, como efeito da anterior e causa da próxima, algumas delas podem ser deslocadas para outra parte ou mesmo eliminadas, à semelhança do que ocorre num romance picaresco como *Dom Quixote* ou nas epopeias homéricas.

A segunda razão do teatro épico decorre dos objetivos didáticos de Brecht, de seu desejo de apresentar um palco capaz de esclarecer o público sobre a nossa sociedade e o dever de transformá-la. Esse fim didático impõe eliminar o efeito hipnótico do teatro tradicional. Impõe anular a sua função de sedativo e evasão. Por isso mesmo, convém montar uma estrutura em curvas, episódica, dialética – a afetuosidade de Puntila se chocando com a sua aspereza – para romper a continuidade linear da dramaturgia tradicional. Esta, mercê do seu encadeamento rigoroso, prende o espectador no avanço ininterrupto da ação tensa, enreda-o no enredo, não lhe concedendo liberdade crítica. Coloca-lhe o jugo da identificação com as situações e as personagens, de modo que vive com estas o seu destino inexorável, em vez de, vivendo embora emocionalmente o seu destino, ter ao mesmo tempo a possibilidade de distanciar-se o suficiente para, pela objetivação, chegar ao raciocínio. Assim compreenderá que esse destino de maneira alguma é eterno e inexorável, mas consequência de uma situação histórica, de um sistema social (por exemplo, o da relação senhor-criado). O homem, sem dúvida, é determinado pela situação histórica; mas pode, por sua vez, determiná-la. O fito principal do teatro épico e do distanciamento é, portanto, estudar o comportamento do homem em certas condições, e mostrar que estas podem e devem ser modificadas. É, pois, a "desmistificação", a revelação de que as desgraças humanas não são eternas e sim históricas, podendo por isso ser superadas. O distanciamento, mais exatamente, procura tornar estranha a nossa situação habitual, anular-lhe a familiaridade que a torna corriqueira e "natural" e, por isso, incompreensível na sua historicidade. Pois tudo que é habitual apresenta-se como fenômeno natural, e por isso imutável. Temos que ver o nosso mundo e o comportamento objetivados por uma momentânea alienação deles, para vê-los na sua relatividade e para, desse modo, conhecê-los melhor. Todo conhecimento inicia-se com a perplexidade diante de um fenômeno. Distanciar, tornar estranho é, portanto, tornar ao mesmo tempo mais conhecido.

Não é preciso enumerar os múltiplos elementos de distanciamento introduzidos nesta peça por Brecht através de comentários cantados, falas cômicas e irônicas que, por vezes, revelam de chofre toda uma situação, ou através do "teatro no teatro", cena em que uma forma de vida mísera, bem corriqueira e "natural", é distanciada e "exposta" pelas tentativas frustradas da grã-fina de imitá-la. Não é preciso, tampouco, frisar que o caráter épico do texto só se completa graças aos recursos do palco. Basta, no contexto de uma ligeira apresentação, insistir em que o choque do estranhamento é introduzido na própria personalidade de Puntila, o finlandês cordial que se torna ríspido nos seus estados "loucamente sóbrios". É sumamente estranho ver determinada a cordialidade de um chefe, assaz corriqueira, pela sua embriaguez, bem rara. Distanciando, ademais, a cordialidade ébria mediante o egoísmo sóbrio, Brecht pretende desmistificá-la, tornando mais conhecida a sua função social. Isso, porém, sem que negasse o encanto e a qualidade cálida dessa generosidade, cujo caráter envolvente deve sobressair para que possam ser desmascarados.

Com horror na voz, Puntila confessa que no estado vil da sobriedade é um homem responsável, forçado a prestar contas de seus atos. Por isso mesmo, é então uma pessoa de quem se podem esperar as piores coisas. Paradoxalmente, ser responsável implica ser imoral. Daí o seu empenho heroico em beber e em tornar-se desse modo irresponsável, isto é, virtuoso. Ao introjetar a contradição alienadora no protagonista, Brecht pretende demonstrar a dialética da nossa realidade. Puntila está em constante contradição consigo mesmo, produzindo na própria pessoa o distanciamento, já que os dois caracteres se refutam e estranham, se criticam e ironizam mutuamente. É no estado irresponsável – quando é um animal irracional – que se torna humano, e é no estado racional, isto é, humano, que passa a ser desumano. Com efeito, explica Puntila, "é durante estes ataques de sobriedade total e absurda que desço ao estado animal". Puntila é, portanto, associal em todas as circunstâncias. A sua maldade é "normal", isto é, típica, institucional, e a sua bondade é "anormal", isto é, particular e caprichosa e, por isso, sem valor, sem consequência. De fato, nos estados maldosos anula tudo quanto fez de bom nos estados generosos. Tudo fica na mesma e às vezes até piora. Vemos que o ébrio bondoso nada é senão um recurso cênico para representar, de um modo hilariante e irônico, a ordem puntiliana que consagra a desordem, já que o seu comportamento humano, em vez de fazer parte da normalidade das instituições, surge apenas como capricho pessoal, como adorno que enfeita a dura realidade.

É um erro acreditar, com Martin Esslin (*Brecht, A Choice of Evils*)[13], que na personagem de Puntila se opõem, como forças eternamente antagônicas, as emoções e os impulsos bondosos ao intelecto frio e maligno. Brecht não pretendeu escrever um drama psicológico ou moral, embora este nível de considerações medeie a problemática básica e se mantenha suspenso, para além dos limites da peça, deixado à meditação do público. Brecht não visa a apresentar com Puntila um homem mau ou um homem bom, mas simplesmente um fazendeiro que, para ele, representa uma organização social. É um "modelo" proposto para demonstrar exemplarmente a atitude do superior que, não importa se com sinceridade ou para disfarçar a realidade, "concede" ao inferior ocasionais benefícios, enquanto de fato, como vimos, tudo fica na mesma. Para Brecht, a realidade implacável não decorre sobretudo da moralidade ou da psicologia dos indivíduos, que podem ser bons ou maus, corruptos ou íntegros, mas do mundo puntiliano. O fazendeiro seria provavelmente um "sujeito ótimo" – bem ao contrário da opinião de Esslin (que o considera essencialmente mau); mas as condições não permitem que o seja (e, se o fosse, perderia a fazenda, sem grande benefício para ninguém). O problema para Brecht não é, portanto, moral, e sim social. Puntila quer ser bom, e por isso se embriaga, pois "terrível é a sedução da bondade" e é duro ser mau:

Na minha parede, a máscara de madeira

13. Trad. bras.: *Brecht, dos Males o Menor*, Rio de Janeiro: Zahar, 1979 (trad. de Bárbara Heliodora).

136

De um demônio maligno, japonesa –
Ouro e laca.
Compassivo, observo
As tímidas veias frontais, denunciando
O esforço de ser maligno.
(Tradução de Haroldo de Campos.)

Entretanto, por mais que Puntila se esforce por evitar esse esforço, as suas tentativas de ser cordial se corrompem ante o "vício da responsabilidade". O melhor que consegue, no estado ébrio, é tornar-se "familionário", para citar a expressão com que Heinrich Heine caracterizou essa atitude, ao definir o comportamento do rico Rothschild ao receber o poeta pobre. Todos os esforços do fazendeiro de ser generoso, por mais autênticos que sejam, fracassam. A situação torna-os ambíguos, contamina-os de suspeitas, ao ponto de poderem ser interpretados como artimanha para desarmar os criados. "Se eles [os patrões] tivessem o aspecto de ursos ou cobras venenosas, nós ficaríamos mais prevenidos", diz a telefonista. A bondade chega a revestir-se de aspectos quase ameaçadores. É essa a lição da peça *A Exceção e a Regra*: o criado bondoso aproxima-se do patrão sedento, em pleno deserto, para dar-lhe água e este o mata, interpretando mal o movimento. O juiz absolve o réu: em semelhante situação, no mundo em que vivemos, o patrão não poderia esperar um gesto generoso do criado. Em face da regra de um sistema em que "ser humano é uma exceção", a desconfiança do patrão se justifica, como se justifica inversamente a desconfiança do criado em *O Senhor Puntila e Seu Criado Matti*.

É nessa desconfiança que vive Matti, o criado cético, solidário com os seus colegas, que tem a sabedoria e um pouco também a esperteza dos oprimidos. Apesar de ser um "operário consciente", tem dificuldade em resistir ao encanto de Puntila. Mas pelo menos sabe dessa falha. "Ele é familiar demais", assegura, desfamiliarizando a nossa familiaridade com essa familiaridade. Ou então narra uma estória: "Tais familiaridades são sempre desagradáveis. Servi num moinho de papel, ali o porteiro se demitiu porque o senhor diretor lhe perguntou se o seu filho estava bem."

Em outra parte insiste: "Antes que viro a cabeça, ele [Puntila] se torna humano – terei de demitir-me."

No mesmo sentido, Matti diz: "Um trabalhador não precisa de um lar [oferecido pelo patrão] e sim de um emprego."

É evidente que Matti, como personagem, não tem as esplêndidas possibilidades cênicas de Puntila, embora, como pessoa, lhe seja superior. Na dialética de suas relações, bem de acordo com Hegel, o senhor se torna cada vez mais dependente de quem dele depende, e quando Matti abandona Puntila, a perda será maior para o patrão do que para o criado. No entanto, a sua função cênica é, em certa medida, de apoio apenas: cabe-lhe ser o parceiro que permite a Puntila revelar-se a si e à situação fundamental, enquanto ao mesmo tempo, pela sua concordância discordante, é um comentário vivo das atitudes senhoris. Representa uma espécie de sinal de exclamação ou de aspas ambulantes em carne e osso que distanciam, acentuam e desmascaram o comportamento de Puntila. A linguagem da concordância fingida tem, nesse sentido, uma função contundente – veja--se por exemplo a cena "Noturno" (quadro 10). A conciliação irônica visa a efeitos de humor negro que lembram os obtidos por Jonathan Swift ao recomendar, nos moldes de um meticuloso plano econômico, o abate de crianças pobres, recém-nascidas, para enriquecer de carne tenra a mesa dos abastados.

Na dramaturgia universal, desde Menandro e Plauto a Molière e aos pósteros, são muito frequentes as comédias e farsas com a constelação senhor-criado e, quase sempre, o criado é mais esperto do que o senhor. Brecht exigiu mesmo que o papel de Matti fosse preenchido de modo a realçar a sua superioridade espiritual, compensando assim o encanto robusto de Puntila. Bem menos típico, nos moldes dessa relação vetusta, é o fato de o senhor e não o criado ser a personagem cômica, aquela, portanto, cuja dignidade é exposta em toda a sua fragilidade.

Mais realce obtém a personagem de Matti como parceiro e alvo sexual de Eva. Toda a "trama amorosa" da peça, com Eva oscilando entre o diplomata e o criado, embora aparente ser o fio da meada que liga as cenas, se destina de fato apenas a apoiar o tema fundamental. Não só os ensaios de generosidade humana, também os impulsos amorosos e as relações entre homem e mulher se tornam precários no mundo puntiliano. Até o amor à natureza afigura-se suspeito, no inimitável episódio do monte Hatelma. Conquanto poética, essa cena é ao mesmo tempo uma das mais saborosas paródias à patriotice e ao epicurismo paisagista da burguesia ("A neve! Vamos à Suíça no ano que vem?"). Nesse ponto, a peça alcança comicidade extraordinária na mistura safada e inextricável entre culinarismo estético (ante a paisagem) e pragmatismo econômico. O interesse material interrompe constantemente o êxtase lírico pela "rigidez adquirida" do proprietário, bem de acordo com a análise bergsoniana do cômico. Um buraco nas calças, desvendando as ceroulas, torna ridícula a solene casaca estético-patriótica.

É evidente que a esquematização da temática e da estrutura não faz jus à peça. É com a consciência atribulada que o comentarista reduz um organismo tão vivo, tão rico e poético a um esqueleto. O homem de teatro e poeta Brecht atinge, nessa obra, aquela maturidade em que supera, em todos os momentos, as intenções didáticas, sem, em nenhum momento, eliminá-las. Por isso, acentuou que essa peça popular não visa a uma "tendência", devendo ser apresentada de um modo não demasiadamente realista. Insistiu em que se realçasse o encanto natural do fazendeiro, figurando a sua embriaguez de uma forma poética e delicada e a sua sobriedade sem brutalidade e de maneira não muito grotesca. Mas em seguida pediu que não se levasse o seu "charme" ao ponto de tomar ao público a liberdade de criticá-lo. De qualquer modo, a comicidade de Puntila – a inferioridade do superior – é vista com humor, isto é, com certa simpatia compassiva. Nessa fase de sua vida, Brecht de algum modo está de conluio com a fraqueza humana: a culpa fundamental não cabe a Puntila e sim à ordem reinante da qual, embora esteio, é também vítima. Também ele, o rico, da mesma forma como a pobre Chen-Té de *A Alma Boa de Setsuan*, está dividido em duas metades.

Mais do que o esquema didático, exposto nesta apresentação, importa compreender o humanismo de Brecht. É verdade, a peça não visa a uma tese moral. Para Brecht, as soluções supremas pressupõem as humildes. Os valores sociais, embora inferiores aos morais, são precisamente por isso os básicos. Sem a realização do inferior, mas básico, não se desenvolve e frutifica o superior. Só depois de estabelecida a justiça social podem revelar-se o amor e a bondade na sua pureza e autenticidade. No horizonte da obra, não visível mas onipresente, espécie de imagem sugerida pelos contornos negativos da sombra que projeta no universo ambíguo da peça, pressente-se um mundo mais generoso em que Puntila pode ser bom e Matti, seu amigo.

A Resistível Ascensão de Arturo Ui:
Ui Não Foi Placável[14]

Entre os momentos importantes do ano teatral paulistano (1969) deve-se ressaltar as duas encenações do Teatro de Arena, sob a direção de Augusto Boal, o *Teatro-Jornal* e *A Resistível Ascensão de Arturo Ui*.

O *Teatro-Jornal*, apresentado no "Areninha" com entusiasmo e talento por um grupo de jovens estudantes, é um experimento sagaz que demonstra as possibilidades de um "teatro aplicado". Dramatizando ou desdramatizando, interpretando ou encarnando a notícia de jornal, o teatro apresenta uma visão crítica da relação complexa entre o relato e a realidade, entre o enunciado jornalístico e o fato. Suscita a reflexão crítica tanto sobre a realidade verbalizada

14. Manuscrito sem data.

140

como sobre a verbalização da realidade. Certa inflexão da voz desvenda problemas semânticos, um gesto penetra no fundo do fato e revela a rasa versão verbal.

Quanto à *Resistível Ascensão de Arturo Ui*, parábola brechtiana que comenta a tomada do poder pelo nazismo mediante a apresentação da carreira vitoriosa de um *gangster* que se torna o Rei do Repolho de Chicago, não é preciso salientar a importância da encenação de Augusto Boal. Sua lucidez e transparência didática são um verdadeiro remédio em face dos espasmos históricos que ultimamente tomaram conta dos palcos paulistanos. O título da peça, que curiosamente causou dúvidas a quem preferiu a palavra "irresistível", é caracteristicamente brechtiano. A graça está na missão do prefixo. De certo modo, o título contém toda a teoria e filosofia de Brecht. A falta do prefixo – quando se espera a palavra "irresistível" – provoca aquela surpresa, aquele famoso efeito de distanciamento ou estranhamento, chamando didaticamente a atenção sobre o vocábulo e a realidade correspondente. Na própria língua, que pactua firme e safadamente com o *irresistível* e marginaliza o *resistível*, da mesma forma como conspira, de conluio com o inexorável e implacável, contra o exorável e o placável, exprime-se a tendência de aceitar, de modo conformista, a suposta fatalidade com que as coisas acontecem. Assim, as guerras se tornam "irresistíveis", as desgraças "inexoráveis" e os destinos "implacáveis".

A língua, que em si deveria dar preferência às formas básicas dos respectivos adjetivos (resistível, placável, exorável), reflete na sua escolha invertida um preconceito mítico. Brecht usa o termo inusitado para provocar um pequeno estalo de Vieira, para desautomatizar a mente engambelada pelo clichê linguístico e para libertá-la do estereótipo fatalista. Há um pequeno choque. Resistimos, durante uma fração de segundo, ao resistível, o irresistível impõe-se quase irresistivelmente. Porém o termo inusitado continua aí. Será um erro tipográfico? Não é possível. Aí vem o estalo:

141

a ascensão de Hitler era resistível. O homem, embora objeto e vítima da história, é ao mesmo tempo sujeito e agente dela. Depende da tua, da nossa ação.

Embora se possa divergir da aplicação do Sistema Coringa (revezamento dos atores no desempenho dos papéis)[15], tal como proposta nesse espetáculo, a encenação de Boal se distingue pela sua eficácia e comunicabilidade, por um tempero gostoso graças ao sal da racionalidade. Apoia-se na cenografia metálica, marcial e "desumana" de Marcos Weinstock – ideia feliz que, no entanto, não impede pensar-se na possível alternativa de um ambiente heroico-wagne-riano, tipo *art nouveau*, tão característico do gosto *kitsch* de Hitler. Entre os atores, merecem destaque particular Antonio Pedro, Luís Carlos Arutim e, sobretudo, Gianfrancesco Guarnieri, hoje o mais perfeito ator brechtiano do Brasil. Guarnieri sobressai pela inteligência do desempenho e pela excelente dicção.

15. Sobre a sua posição e análise sobre o Sistema Coringa, ver Heróis e Coringas, em *O Mito e o Herói no Moderno Teatro Brasileiro*, São Paulo: Perspectiva, 1982, p. 11-24.

4. ORIGENS E INFLUÊNCIAS
EM BRECHT

Wedekind e o Expressionismo[1]

Certos traços característicos do teatro expressionista já se notam bem antes da eclosão do movimento, na obra de Lenz e Büchner. Tais traços repercutem, por sua vez, na fase pós-expressionista, em obras como as do jovem Brecht, de Frisch, Duerrenmatt e de muitos autores do teatro universal. Frank Wedekind (1864-1918) representa, de certo modo, um elo mediador, na medida em que captou e ao mesmo tempo cristalizou e irradiou tais influências. A leitura de Büchner foi para ele uma revelação, e através do seu entusiasmo revelou-o a um círculo maior. Estimulado pela obra do extraordinário autor de *Woyzeck*, antecipou processos essenciais do expressionismo, tornando-se um

---

1. Originalmente publicado em *Teatro Moderno*, p. 109-115.

143

dos inspiradores da vanguarda dramatúrgica e cênica que, a partir dos fins do século XIX, iria modificar as concepções básicas da arte teatral.

A revolução expressionista não se limitou apenas ao vanguardismo artístico. Encontram-se correspondências na filosofia e psicologia de então. O neokantismo dá destaque à criatividade do espírito, construtor da própria realidade; a fenomenologia salienta a intuição de essências, estimula inclinações platonizantes e combate o psicologismo; a psicologia estrutural dirige-se contra o impressionismo atomístico que pretendia compor a vida psíquica a partir do mosaico das sensações. Todas essas tendências se unem na luta contra o naturalismo e o positivismo, ressaltando a dinâmica espiritual face ao passivismo dos impressionistas. Isso não exclui a presença de fortes tendências "naturistas", inspiradas pelo vitalismo e irracionalismo de Schopenhauer, Nietzsche e Bergson.

É nos anos de 1911 a 1914 que se verifica a eclosão do expressionismo literário (e dramatúrgico). Nesses anos apareceram poemas de Georg Haym, Georg Trakl, Gottfried Benn, Ernst Stadler, e peças teatrais do escultor Ernst Barlach, do pintor Oskar Kokoschka, de Carl Sternheim, R. J. Sorge, Georg Kaiser e outros.

Bem antes, foram publicadas e encenadas (entre outros por Max Reinhardt) várias das peças pré-expressionistas de Frank Wedekind. Em 1891 apareceram as peças *Crianças e Bobos* (mais tarde intitulada *Mundo Jovem*) e *Despertar da Primavera*. A primeira é uma caricatura do naturalismo dramatúrgico de Gerhart Hauptmann – que mal acabara de escrever as suas primeiras obras – e do movimento feminista, mais perto da *Casa de Bonecas* de Ibsen ("a mulher que ganha seu sustento com o amor merece-me mais apreço do que aquela que se rebaixa ao ponto de escrever crônicas ou até livros").

Já aqui se anuncia a mensagem do sexo – entendido como impulso liberto de todas as sublimações "burguesas" –, que alguns anos depois iria encontrar sua expressão dramática na figura de Lulu (nas peças *Espírito da Terra* – talvez *Demônio Telúrico* seria uma tradução mais adequada de *Erdgeist* – e *A Caixa de Pandora*), a fêmea fatal que representa o impulso em estado puro, personificação mítica quase se diria da vontade metafísica de Schopenhauer, e cujo caminho é marcado por amantes aniquilados. No fim, Lulu encontra a morte nas mãos de um estripador "tarado".

É particularmente em *Despertar da Primavera* que se pressentem, tanto na forma como na temática, traços típicos do expressionismo dramatúrgico, bem antes da fase pós-naturalista de Strindberg, portanto. Trata-se da tragédia de dois adolescentes ingênuos (e mantidos nessa inexperiência pelos pais) que, depois de se unirem impelidos pelo despertar dos impulsos, são encurralados pelo código hipócrita da moral burguesa: a jovem aluna Wendla morre em consequência de uma tentativa de abortamento instigada pela própria mãe; o seu namorado Melchior é colocado num instituto de correção. Fugindo para o cemitério, encontra ali seu amigo Moritz, um colega escolar que se suicidou e que comparece com a cabeça debaixo do braço, incitando-o a segui-lo para a morte. Salva-o, no entanto, a intervenção de um "senhor mascarado" (que simboliza a vida) que manda o fantasma de Moritz recolher-se ao seu túmulo.

Formalmente, a obra prepara o expressionismo cênico pela destruição da estrutura "bem feita". A peça dissolve-se em dezenove cenas associadas em sequência lírico-épica, sem nexo causal; técnica que segue a linha da dramaturgia pré-romântica do Sturm und Drang (tradução literal: tempestade e ímpeto; movimento literário que atinge seu ápice entre 1770 e 1780) e do *Woyzeck* de Büchner, antecipando o "drama de estações" de Strindberg e dos expressionistas. Característica é a atmosfera irreal até à abstração, bem como a tipização das personagens (prenúncio do antipsicologismo e da busca do mito, essenciais ao expressionismo), a objetivação radical de vivências subjetivas (na poesia logo não haveria mais "uma dor atroz como um punhal", mas apenas a presença do "punhal atroz"). A essas antecipações importantes acrescentam-se ainda o elemento fantástico da cena do cemitério (em plena fase naturalista), o diálogo lírico, de curva barroca, muitas vezes reduzido a monólogos paralelos, e a deformação grotesca com que é apresentado o mundo adulto dos pais e professores, expoentes do mundo burguês que é cruelmente desmascarado. A distorção caricata e fantasmagórica transforma as personagens de Wedekind logo em marionetes rígidos, logo em animais disfarçados de seres humanos que se agitam regidos por impulsos elementares. Temos aí alguns dos traços essenciais do futuro palco expressionista, que logo iria povoar-se com os burgueses caricatos de Sternheim e os autômatos humanos reunidos nas gigantescas fábricas de Georg Kaiser (*Gás*). E logo surgiria também, na tela, todo um mundo de fantoches, sonâmbulos, *roboters homunculi*, figuras de cera. Boa parte dessa temática provém naturalmente de E. T. A. Hoffmann, cujos seguidores se multiplicam na fase expressionista. Mas algo da deformação grotesca de Wedekind, cujas peças começaram a ser filmadas a partir de 1917, comunicou-se ao teatro e ao cinema expressionistas. Este último adotou, em particular, o seu mundo circense, selvagem e agitado, repleto de aventureiros, prostitutas, charlatães, palhaços, comediantes, professores esclerosados, impostores, estripadores e loucos, mundo que logo iria encher as próprias ruas de Berlim: o clima febril que reinava na capital, imediatamente depois da guerra, no cataclismo de uma inflação vertiginosa que atingiu o seu ápice em 1923, misturava todos os círculos e todas as camadas. A alegria desesperada do caos, a euforia suspeita de certos tísicos marcaram a face do tempo com o ricto de um esgar entre grito e gargalhada. Sem dúvida, nunca a vida imitou tanto a arte como naquela época.

Seguindo Nietzsche, Wedekind proclamou bem antes de Freud, Forel e D. H. Lawrence o poder avassalador dos instintos, enaltecendo o "espírito da carne", "a santidade dos instintos" e o mito de Dionísio: motivos através dos quais os expressionistas procurariam reencontrar a essência elementar e primitiva do homem, sufocada pela moral convencional da sociedade burguesa. Entende-se a partir daí a ênfase com que os expressionistas insistem no tema da luta das gerações, problema que então se acentuava em consequência das rápidas mudanças socioculturais provocadas, desde 1870, pela intensa industrialização da Alemanha. O reformismo sexual e vitalista de Wedekind antecipa de certa forma o *Jugendbewegung* (Movimento Juvenil) dos *Wandervogel* (pássaros viajantes, movimento dos andarilhos, de imensa importância na Alemanha do início do século XX) – movimento em que se notam um sentimento de vida e uma efervescência semelhantes àqueles que se manifestam no expressionismo. Na destruição da sintaxe convencional, na linguagem alógica, no estilo que pode ir da concentração telegráfica (incorporando assim a tecnização combatida) até o balbuciar dadaísta ou o hino largo e extático, tornando-se "chama, sede e grito" – em tudo isso, afinal, se exprime a mesma revolta e a mesma patética afirmação de novos valores que lançam a juventude contra os pais autoritários e contra as autoritárias formas políticas e sociais estabelecidas (o ativismo político do expressionismo, que somente surgiu nos fins e depois da Primeira Guerra Mundial, tanto podia tender para a extrema esquerda como para a extrema direita; sua tendência básica, contudo, foi a de um anarquismo idealista e místico, semelhante aos movimentos juvenis atuais). De acordo com isso, a dramaturgia expressionista iria unir o demascaramento satírico ou grotesco do mundo burguês a mensagens logo místicas ou moralistas, logo paneróticas ou anarquistas, proclamadas com o *páthos* de quem se sente possuído por inspirações extáticas. Decorre daí também uma das antinomias fundamentais do expressionismo literário – seu vacilar entre um pessimismo niilista, que revolve visões apocalípticas de ocaso e dissolução, haurindo símbolos nas alucinações patológicas da loucura ou no submundo do crime e da prostituição (no qual, ainda assim, se resguardou uma centelha da vida elementar e da pureza primitiva enaltecidas), e, de

147

outro lado, um otimismo utópico que depõe toda a sua esperança no nascimento do "novo homem". Mas esse utopismo nebuloso se perde no vazio. O "novo homem" de quem se fala é um mito, não o ser concreto de uma sociedade histórica (o filme *Metrópolis*, de Fritz Lang, é, neste nexo, um exemplo característico. É visível a influência de Georg Kaiser). Mesmo quem não adotar a opinião unilateral de Lukács (semelhante à de S. Kracauer, exposta no seu livro *De Caligari a Hitler*) de que o expressionismo, por mais que combatesse a burguesia, nada foi senão uma manobra de despistamento dessa mesma burguesia, reconhecerá a generosa inocuidade política desses jovens rebeldes; mas não deixará de lhes dar o crédito de terem contribuído para uma renovação de incalculável impacto sobre toda a vida teatral posterior.

É evidente que neste comentário sumário, tecido em torno de sugestões oferecidas por um dos precursores da renovação cênica, somente se salientaram alguns poucos aspectos do expressionismo. É curioso que o próprio Wedekind, ao definir em 1912 seu conceito de teatro, não concebeu a possibilidade do cinema expressionista que tanto deve à sua dramaturgia. Atribuiu ele à Sétima Arte apenas a função secundária de libertar o *palco* do naturalismo, encarregando-se humildemente da reprodução mecânica da realidade:

Espero do cinema a mesma poderosa influência sobre o palco que há 75 anos exerce a fotografia sobre a pintura. Desde há uma geração, os retratos assemelham-se muito mais ao pintor do que ao pintado. A dramaturgia tem, segundo penso, muito mais razão em visar a esta meta do que a pintura de retratos.

Se se acrescenta a esta "declaração de princípios" o argumento importante de que a projeção da própria subjetividade para o palco não deve ser entendida no sentido de um autorretrato *psicológico* e sim da "redução fenomenológica", isto é, da objetivação de estruturas essenciais, em vez da descrição de processos psíquicos empíricos, ter-se-á uma definição de um dos aspectos fundamentais do expressionismo. Sob esse ponto de vista, o mais grave defeito do filme *O Gabinete do Dr. Caligari*, ao apresentar um mundo repleto de distorções grotescas, é justificá-las como *alucinações de um louco*. Dessa forma, se dá à objetivação de visões poéticas essenciais uma interpretação psicológica, salvando as aparências realistas. Não foi essa a intenção dos roteiristas. Trata-se de uma solução de compromisso que se deve a Erich Pommer e Robert Wiene. Nas encenações teatrais das peças expressionistas, entre cujos expoentes máximos se contam Leopold Jessner, Karlheinz Martin e Jurgen Fehling, não se verificaram semelhantes tropeços. Estes, ao contrário de Max Reinhardt, que, apesar de frequentes incursões vanguardistas, pertencia ao palco do impressionismo, aboliram o "como" ou "como se", rompendo com a ilusão realista e a verossimilhança psicológica. Visaram ao elementar (e não à diferenciação), ao primitivo e bárbaro, ao mito e ao culto, às visões monumentais e ao gesto patético e extático. As suas representações entendiam-se, desde o início, como teatro e somente como teatro. Embora emocionais ao extremo, não pretendiam comunicar a ilusão da realidade empírica.

Teoria do Drama Moderno, *de Peter Szondi*[2]

Com o intuito de analisar a "problematização" atual da forma dramática, Peter Szondi parte do conceito rigoroso do drama clássico, surgido como tentativa de reduzir toda a realidade às relações inter-humanas. Tudo que se mantém para além dessa esfera do "entre" permanece alheio ao drama. O *medium* linguístico desse mundo inter-humano é o diálogo. Este tornou-se na Renascença, após a eliminação de prólogo, coro e epílogo, o único sustentáculo do tecido dramático (o monólogo, apenas episódico, não *constitui* a

---

2. Manuscrito sem data. Resenha de *Theorie des modernen drama*, Frankfurt: Suhrkamp, 1956.

forma dramática). Nisso, o drama clássico se distingue da tragédia grega e dos mistérios medievais, do teatro barroco e das peças históricas de Shakespeare.

O drama, nesse sentido rigoroso, é absoluto: não conhece nada além dele próprio. O autor não intervém, os diálogos não devem ser considerados como emanação dele, e tampouco se "dirigem" ao público. O drama é autônomo, não "representa" algo exterior a ele. Por isso, as peças históricas não correspondem ao vigor dramático, já que se referem a algo exterior, à história. O tempo do drama é o presente que passa, produzindo transformações. Cada momento contém o germe do futuro, cada cena deve implicar a próxima, daí impondo-se a unidade de tempo e espaço. A dispersão das cenas não somente pressuporia um "montador" épico, mas um mundo espacial e temporal fora do drama, entre e ao lado das cenas que já não se sucedem em concatenação necessária, mas que são escolhidas para serem "mostradas" por alguém a alguém. O narrador se intromete quando, pronunciado ou não, se subentende o comentário: "Passaram-se três anos".

Baseado nesse conceito histórico do drama, Szondi demonstra que a "crise" se inicia com Ibsen, encoberta apenas pela sua maestria dramatúrgica. A sua técnica analítica é bem diversa daquela de Sófocles. Em *Édipo*, o mito é do conhecimento geral, somente o próprio Édipo tem de ser esclarecido. Por isso, a ação da peça é contida na atualidade. O passado é mera função do presente, ao passo que na obra de Ibsen o presente é apenas ocasião para evocar o passado: não este ou aquele acontecimento, mas o passado enquanto tal – "toda a vida malograda". Esse tema – adequado ao romance – escapa à atualidade dramática, como também lhe foge o desmascaramento da verdade íntima de personagens fundamentalmente solitárias. Por mais magistral que seja a arte com que Ibsen encobre a base épica das suas obras, raramente a ação atual consegue equiparar-se à do passado e unir ambas sem fendas.

Na obra de Tchékhov preponderam as figuras que vivem no passado ou no futuro, negando-se assim a ação atual e o

150

diálogo. A relação inter-humana se interrompe e as personagens em verdade pronunciam monólogos. A contradição entre temática monológica e manifestação necessariamente dialógica exprime-se na figura de Andrei (*Três Irmãs*), que somente é capaz de falar com seu criado surdo. O verdadeiro diálogo transforma-se em utopia. Com Strindberg inicia-se a dramaturgia do "ego": "conhece-se só uma vida, a própria". Daí a crescente epicização em peças projetadas a partir da personagem central. As cenas já não têm relação causal, surgindo como pedras isoladas, enfileiradas no fio do Eu que percorre as estações do seu desenvolvimento. Por vezes, o mundo humano é "apresentado" por uma personagem central. Esta, embora tendo a função formal de narrador épico, faz parte da trama, chegando mesmo a morrer. O fato de a peça ainda assim continuar demonstra que Strindberg não tinha noção clara da contradição inerente. Semelhantes contradições se notam no drama social (Hauptmann), já que não é possível transformar o meio social objetivo em atualidade inter-humana e diálogo. Daí a introdução de figuras épicas, por exemplo, um pesquisador social (*Antes do Nascer do Sol*) através de cuja perspectiva é revelado o ambiente dos camponeses. A obra *Os Tecelões* não é uma peça *de*, mas *sobre* uma revolta social; a unidade da obra não decorre da continuidade da ação e sim do Eu épico que nos "mostra" os acontecimentos.

A crise revela-se, portanto, como contradição entre a temática épica e a tentativa de manter a forma dramática tradicional. Já se anunciam os novos elementos formais (ou épicos), mas ainda invisíveis ou tematicamente encobertos (ou o épico como personagem do drama). Numa fase posterior, sucedem-se numerosos experimentos formais: Pirandello já reconhece claramente as contradições. Por isso, renuncia à forma dramática e fixa em *Seis Personagens à Procura de um Autor*, e com sua resistência ao tema, em vez de encobrir essa resistência. Surge assim uma peça que substitui a planejada, tratando desta como de uma obra impossível: impossível porque a própria comunicação deixou de existir: "Acreditamos compreender-nos, mas nunca nos compreendemos".

Gerhart Hauptmann[3]

I. Obra Dramática

Erwin Theodor, professor da cadeira de Língua e Literatura Alemã, visa aprofundar, através da análise dos recursos expressivos mobilizados por G. Hauptmann, o conhecimento da sua visão da existência humana[4]; existência que o dramaturgo "ilumina sob todos os ângulos, ao mesmo tempo em que pesquisa as nossas perplexidades" (p. 5).

Na primeira parte, esboçando a biografia de Hauptmann, salienta que "Talvez nunca antes pudesse um dramaturgo, poeta e romancista alemão, jactar-se de tanta popularidade" (p. 21); em seguida, aborda o "panorama proteiforme da obra, em que se sucedem descrições cruéis, visões eternas de regiões sonhadas, poemas de caráter folclórico e reminiscências arcaicas, romances monumentais e dramas lendários, comédias populares e tragédias do mundo clássico" (p. 23).

Toda a sua obra, influenciada em particular pelo pensamento de Schopenhauer, afigura-se como uma permanente procura "do cerne mais recôndito da vida", da "chave para a redenção humana". A sua dramaturgia é povoada de "anti-heróis" que, reconhecendo embora a inutilidade da luta contra o destino, ainda assim não conseguem subtrair-se a essa luta. É o princípio negativo que geralmente se sagra vencedor – "Hécate é bem mais clarividente que Apolo", segundo a expressão de uma das personagens de Hauptmann. Por vezes, Deus parece escarnecer do sofrimento humano; a divindade de modo algum se afigura infalível. Em algu-

3. Suplemento Literário de *O Estado de S.Paulo*, de 6 nov. 1965.
4. Recursos Expressivos na Evolução da Obra Dramática de Gerhart Hauptmann, *Boletim*, n. 295, da Faculdade de Filosofia, Ciências e Letras da Universidade de São Paulo, 1964 (N. do A.).

mas peças, surge como tema fundamental a imperfeição do mundo e o problema da teodiceia. De tal modo o mal parece prevalecer no universo que nada resta senão a compaixão pela criatura torturada.

Na segunda parte, E. Theodor analisa em particular a "expressão mímica e linguagem gesticulante". Verifica que o tipo dramatúrgico, na obra de Hauptmann, é o "aberto", "atectônico" (anticlássico), segundo uma classificação hoje muito em uso. Hauptmann mistura os níveis linguísticos e as classes sociais: "A língua deixa de ser o meio exclusivo de expressão, porque a consciência da realidade psíquica exige hoje nova modalidade para externar as ideias, os sentimentos e os fatos" (p. 40).

Certas realidades psíquicas, inacessíveis à expressão linguística, exigem a manifestação pantomímica, complementando ou até substituindo, por momentos, a linguagem.

As orações são em geral paratáticas, demonstrando a falta de perspectiva uniforme. A elipse e o anacoluto interrompem o pensamento; ângulos diversos são focalizados em rápida sucessão; a harmonia da cosmovisão, expressa antigamente em períodos hipotáticos, cede lugar às perspectivas heterogêneas, apresentadas num caos de correlações soltas (p. 42).

As personagens, sofrendo no âmago o impacto dos acontecimentos, não dispõem de distância e lucidez necessárias para analisá-los com clareza. Sua reação é espontânea e imediata (acrescente-se que as personagens, por exemplo de Racine, em ações determinadas por paixões de violência arcaica, conservam plena lucidez e articulam alexandrinos "hipotáticos"). Destaca-se, em Hauptmann, o valor "gesticulante" da língua (Brecht diria "géstico"), isto é, o valor do gesto contido na palavra. Esta tende a assumir sobretudo a função do gesto, em vez de ser expressão lógico-intelectual. Assim, emergem três realidades expressivas no drama de Hauptmann: o universo mímico, linguístico e linguístico-mímico (linguagem gesticulante), destacando-se particularmente na primeira fase a enorme importância do elemento mímico, baseado na extraordinária memória visual e imaginação plástica do dramaturgo.

Na terceira parte, E. Theodor prossegue no estudo sistemático dos recursos expressivos, principalmente da linguagem gesticulante, assim como na análise da função desses recursos, procurando, agora, salientar-lhes a variação e progressão, com base no exame de numerosas obras do dramaturgo, as quais subdivide em oito ciclos diferentes, por exemplo, o naturalista-psicológico, o cômico, o lendário--histórico, o lendário-mítico etc.

A monografia do prof. Erwin Theodor é um sólido trabalho profissional, com um excelente padrão de *scholarship* (conhecimento acadêmico), revelando a meticulosidade de um pesquisador honesto e incansável. Em tal tipo de trabalho universitário, regido por severa disciplina, o conceito geralmente não pode manifestar-se em toda a sua desenvoltura. Trezentas e vinte e uma notas, às vezes extensas, ao pé de 192 páginas (acrescidas de seis páginas de bibliografia) pesam como chumbo e impedem o voo mais amplo do espírito. Essa disciplina é indispensável, na fase preliminar das teses universitárias. A tese deve ser dialeticamente "suspensa", absorvida e elevada, através da antítese e da síntese, em fases posteriores. Alguns dos momentos mencionados como qualidades características de Hauptmann afiguram--se como típicos particularmente do teatro moderno. Vistos nesse contexto mais amplo, o seu alcance teria sofrido certa limitação mas, ao mesmo tempo, maior realce. Uma visão mais ampla, menos de textos do que da vida cênica moderna, certamente teria enriquecido o trabalho, porém ultrapassaria os limites de uma cadeira dedicada à literatura e não ao teatro.

Entre os numerosos méritos da monografia, conta-se aquele de ela ampliar e aprofundar o nosso conhecimento de um grande dramaturgo, assim como de ela, implicitamente, comprovar, através de rigorosa disciplina profissional, que o crítico norte-americano Eric Bentley não tem razão ao afirmar que Gerhart Hauptmann, atualmente, não passa de um nome, "exceto para os estudiosos profissionais da literatura alemã".

II. Importância de Hauptmann[5]

Passou quase despercebido o falecimento recente (em 1946) do poeta e teatrólogo alemão Gerhart Hauptmann, indubitavelmente, nos fins do século XIX e no começo do século XX, um dos criadores mais destacados no terreno da arte dramática. Depois de Goethe, Schiller, Kleist, Grillparzer e Hebbel, foi ele quem mais enriqueceu o drama alemão (tomando esse termo em sentido lato, abrangendo a tragédia e a comédia), ramo de literatura que, na sua pátria, desde Lessing e a emancipação do teatro francês se tornou o mais importante. Num país como o Brasil, onde, comparado com a evolução admirável da poesia e da novela, o drama e o teatro nunca conseguiram passar além duma significação medíocre, esta afirmação parecerá exagerada. No entanto, compreender-se-á isto sabendo que, em 1908, pertenceram ao Buehnenverein (Associação dos Teatros Alemães) 381 teatros fixos que levaram à cena peças de verdadeira qualidade artística. Assim, só cinco obras de Schiller, das que mais sucesso tiveram, foram representadas em nove anos (1899 a 1908) 5.706 vezes. Isso é extraordinário, embora não chegue nem perto do sucesso de Noel Coward, cuja *Blithe Spirit* (1941)[6] se encontra em cartaz em Londres há quase cinco anos ininterruptamente. Mas é preciso considerar que as peças de Schiller não são "atuais", tão pouco como as de Shakespeare, que, depois da genial tradução de A. W. Schlegel e da filha de Tieck, nunca desapareceram do palco alemão. Sem dúvida, é ou era o teatro alemão (pelo menos até 1933), ao lado dos teatros russo e inglês, um dos mais vigorosos, originais e sérios, bem diferente do teatro francês relativamente convencional.

5. JSP, 8 set. 1946.
6. *Espírito Feliz*, em tradução literal, ou *Uma Mulher do Outro Mundo*, filme de grande sucesso codirigido pelo autor com David Lean.

Quando Hauptmann era menino de uns nove anos, na época da guerra de 1870/1871, a literatura de língua alemã chegara a um ponto morto. Embora Storm, G. Keller (suíço), G. F. Meyer (suíço), W. Raabe, P. Heyse e outros publicassem esplêndidos contos e romances, e alguns deles foram poetas notáveis, predominou, principalmente no teatro, uma arte que se chamava "realismo poético", produto de epígonos fracos do período clássico, e que, não sendo nem peixe nem carne, era totalmente alheia àquela época em que a revolução industrial transformou toda a estrutura social da Alemanha. A nova geração de intelectuais e artistas, à qual pertencia Hauptmann, resolveu reintegrar a literatura no seu tempo e, nessa tentativa, seguiu principalmente o exemplo de Zola, influenciada (além ainda disso) pelo positivismo de Comte e Taine e pelo evolucionismo de Spencer, teorias que, depois da derrocada da filosofia idealista a partir da morte de Hegel no ano de 1831, encontraram na Alemanha um terreno fértil. Ao mesmo tempo, alastrou-se o materialismo rudimentar e grosseiro de Büchner, e o próprio Hauptmann era, em Jena, aluno do "monista" Haeckel, célebre professor de zoologia, mas péssimo filósofo. Lassalle, o "rebelde da Renânia" e *protegé* de Alexandre de Humboldt, era a grande moda, e ouviu-se até falar dum homem de nome Marx como sendo o criador de um materialismo muito mais sutil que o de Büchner. Mais tarde, tornaram-se conhecidos os dramas de Ibsen, cuja *Nora* (Casa de Bonecas) fracassou em 1880, por ocasião da sua *premiére* em Berlim, mas que no entanto, passados oito anos, foi representada com grande sucesso. Nesses oito anos, vencera a jovem geração de naturalistas. O primeiro romance desse grupo, *Os Dois Camaradas,* de Max Kretzer, foi publicado em 1880. Mas não havia nenhum romancista que conseguisse produzir qualquer coisa de comparável à obra de Zola, embora houvesse um sem-número de jovens talentosos que descobriram a existência de um proletariado, de cidades industriais com muitas chaminés, da miséria, da exploração e de mil outras coisas feias e sem *Gemuet* (genialidade). Em Berlim e Munique apareceram manifestos e

156

revistas a serviço do naturalismo radical. E com a meticulosidade própria dos alemães, que gostam de levar as coisas até as suas últimas consequências, os "novíssimos", Stuermer und Draenger[7] às avessas, chegaram à conclusão de que Zola e Ibsen não eram verdadeiros naturalistas. Zola ainda admitira o temperamento subjetivo do artista, o que era uma traição. Ibsen, embora dissesse: "Meu intuito foi produzir no leitor (!) a impressão de que ele durante a leitura presenciasse um pedaço de realidade", construiu as suas peças com rigor e com técnica perfeita em redor de uma tese que deveria ser provada; havia um enredo, ação, começo, clímax e um *sorry end* (final melancólico). Mas a vida, alegavam os naturalistas radicais, não tem veleidades tão pronunciadamente dramáticas e não prova tese de espécie alguma, embora de vez em quando imite a arte com certo sucesso. Arno Holz e Johannes Schlaf levaram, na sua *Família Selicke*, o naturalismo a sério e reuniram, obedecendo à sua teoria segundo a qual "a arte tem a tendência de tornar-se de novo natureza", uma sequência de quadros e de "situações" sem ação dramática, sem clímax – apenas "um pedaço de vida", não visto "através de um temperamento", mas "através de uma janela". O que se vê é miséria, alcoolismo, vício de toda espécie, uma criança doente, muito *milieu* (meio ambiente) e muita "hereditariedade", aliás tudo descrito com grande maestria e com minuciosidade extraordinária na apresentação de atitudes, gestos, roupas e linguagem. Porém, se a peça fosse levada à cena de trás para diante, a diferença não seria muito notável.

Gerhart Hauptmann já estreara anteriormente com sua peça *Antes do Nascer do Sol*, na qual é reproduzido um grupo de camponeses degenerados e bestializados da Silésia semelhantes àqueles que Erskin Caldwell recentemente descreveu em algumas novelas. Esta, como as demais peças dos naturalistas, foi levada à cena pela Sociedade Freie Bühne (Palco Livre) de Berlim (existiam agremiações semelhantes em outras cidades), um clube de umas setecentas pessoas, que

7. Membros do movimento pré-romântico alemão Sturm und Drang.

promoveu tais espetáculos modernistas devido às restrições da polícia de Guilherme II, que não permitia a representação de peças "dissolventes", "anticristãs" e com cheiro de socialismo. Essa primeira obra dramática de Hauptmann é a expressão de um determinismo sombrio e de um pessimismo que nem ao menos admite a fresta de uma esperança mística à moda de Schopenhauer. Uma natureza sinistra, muito diferente da natureza bem comportada de Hegel, que era apenas a ideia camuflada à procura de si mesma, faz com que o homem se debata como um peixe na rede das suas leis inexoráveis.

Depois de algumas outras peças em que demonstrou uma crescente perfeição na análise psicológica e na técnica dramática – violando as leis do naturalismo consequente, que era contrário à intensificação e dramatização da realidade –, saiu Hauptmann, em 1892, com *Os Tecelões*, que tornou seu nome universalmente conhecido. Nesta obra-prima, descreve ele, que aliás era neto de um tecelão silesiano, em cenas vigorosas, a surda raiva dos operários da indústria têxtil Eulengebirge, motivada por uma exploração brutal, e que crescendo lentamente se descarregou, em meados do século XIX, numa rebelião fracassada. A peça insinua com extraordinária arte, pelos meios indiretos de caracterização, a atmosfera de revolta, o motim, a pilhagem e o fracasso. Não há heróis individuais; a alma da peça é a massa. É a primeira obra dramática em que aparecem proletários reais, sem romantização e sem que se percebesse o intuito de apresentar-se a uma burguesia generosamente disposta à ingenuidade, à singeleza e à pureza angélica do "povo", para provar que a pobreza é uma excelente instituição. Pela primeira vez se viu num palco a movimentação de massas concebidas não como soma de indivíduos (como ainda ocorria no *Guilherme Tell* de Schilller), mas como uma nova entidade que pensa, se emociona, odeia e age segundo leis específicas.

Mais tarde, seguiram-se em rápida sucessão outras obras, comédias e tragédias de grande força artística, algumas ainda naturalistas, outras neorromânticas e simbolistas, em sequência variada. Para essa versatilidade um tanto dúbia, que fez com que ao mesmo tempo se pertencesse a duas ou três escolas inteiramente diferentes, contribuiu não só a influência de Maeterlinck, do simbolismo francês e alemão, que na última década do século XIX se articulou no círculo em torno de Stefan George, exímio tradutor de Mallarmé, nem tampouco somente o neokantianismo e neofichteanismo (Rudolfo Eucken fora seu professor de filosofia em Jena), mas a própria duplicidade caracterológica de Hauptmann, que, embora grande como artista, era um homem medíocre. Com justa razão recebeu ele em 1912 o Prêmio Nobel, pois era um poderoso "fazedor de homens e caracteres". O mal era que não conseguiu fazer de si mesmo um verdadeiro homem de caráter. Ele viveu como se quisesse provar a teoria do atomismo psicológico daquela época, segundo a qual nossa vida psíquica é apenas uma sucessão de sensações, emoções e impressões, circulando em torno de um "Eu" que, por sua vez, não passa de uma impressão um pouco mais durável e de fácil desintegração. Alcançando 84 anos, um ano mais do que Goethe, ao qual se assemelhava fisicamente de maneira talvez um tanto acentuada, deu-se ele bem com a época de Guilherme II, era amigo pessoal de Ebert, primeiro presidente da República de Weimar – da qual se tornou "poeta representativo" –, rendeu, até a derrota do nazismo, homenagens entusiásticas ao "nosso sublime *Führer* Hitler", para depois chamá-lo *"phraseur* (fraseador) sangrento da história universal", e entrou finalmente em confabulações cordiais com os comunistas alemães da zona russa que pediram sua colaboração. Esse acrobatismo moral não impediu contudo que ele escrevesse magníficas peças teatrais, algumas das quais, nascidas em canteiro tão bem estercado, produzem exatamente o efeito que Aristóteles atribuiu ao drama: a purificação psíquica da assistência.

Sternheim e o Expressionismo[8]

Há 25 anos (1942) faleceu Carl Sternheim (1878-1942), de quem uma peça – *A Calcinha* – já foi apresentada em São Paulo (por Lotte Sievers)[9]. Geralmente se costuma classificá-lo como dramaturgo expressionista. Contudo, não é um expressionista típico, e além de dramaturgo, cujas peças de novo alcançam grande êxito nos teatros alemães, Sternheim é também um narrador notável. É mesmo um dos narradores mais interessantes entre aqueles que tinham afinidade com o expressionismo.

Um dos pontos em que afina com o expressionismo é na sua atitude antiburguesa. Tal fato, no entanto, exige uma qualificação mais precisa, já que se pode ser antiburguês de muitas maneiras. Uma das maneiras é aquela dos românticos. A sua crítica à burguesia e ao capitalismo é geralmente inspirada pela repugnância e pelo medo ante o mundo industrial e comercial, a mecanização e a técnica, cujo desenvolvimento ameaçaria o homem de crescente fragmentação, isolamento e "alienação" (o termo alemão *Entfremdung* tem raízes românticas). Os ideais românticos, contrapostos à civilização burguesa, são em geral regressivos: exaltam o "povo", entidade mítica que representa a sonhada unidade e integração no mundo singelo de uma natureza ainda não contaminada pelo progresso, assim como a Idade Média, concebida como a época da grande síntese, espécie de idade de ouro. Face ao "filisteu" e à sua moral pequeno-burguesa, os românticos proclamam a liberdade anárquica do gênio e da vida boêmia.

O expressionismo segue em essência essa linha. Trata-se, no fundo, de uma revolta contra toda a civilização moderna, bem visível, por exemplo, na trilogia dramática que Georg Kaiser escreveu em torno do problema da técnica

8. Suplemento Literário de *O Estado de S.Paulo*, de 1º abr. 1967.

9. Criadora de um grupo de teatro amador na década de 1950, em São Paulo, que se propunha a encenar principalmente textos alemães, espelhando-se nas montagens do TBC à época.

(*O Coral, Gás I, Gás II* [1917-1920]). As peças apresentam, através de uma gigantesca fábrica de gás, um mundo completamente dominado pela técnica, com seres humanos uniformizados, reduzidos a números anônimos dentro de mobilizações e guerras totais. Fracassam todas as tentativas de reconduzir o homem à terra, através da colonização rural, de criar o "novo homem" ou de "renovar o mundo a partir da alma e do espírito", concepção idealista bem típica do expressionismo. O fim da trilogia é a autodestruição apocalíptica da humanidade, em consequência de uma explosão de gases venenosos, de certo modo uma antecipação precoce da bomba de hidrogênio. Trata-se de uma típica "utopia negativa", destinada a advertir a humanidade, uma das primeiras de uma série enorme.

Apesar do teor antiburguês da trilogia, a obra não se dirige no fundo contra uma sociedade especificamente organizada, não fala em favor ou contra o capitalismo ou o socialismo. Visa criticamente ao estado total da civilização moderna, e à burguesia somente na medida em que se afigura exponencial para essa civilização. Entretanto, as ideias para superar esse estado de coisas – através da "comunidade orgânica" e da volta à terra – são tão generosas quanto confusas, como são quase sempre as ideias político-sociais do expressionismo. Haja vista *O Filho* (1913), uma das peças mais características do movimento (de Walter Hasenclever), em que o protagonista grita, numa reunião, que todos os filhos deveriam matar todos os pais, a fim de aniquilar o mundo velho e criar um mundo novo, cheio de amor e solidariedade. O ódio "edipiano" dos filhos aos pais, da nova geração à velha, atitude constante do expressionismo, que se reflete também na obra de Kafka, é sobretudo uma rebelião contra os representantes "velhos e superados" da burguesia.

Carl Sternheim sem dúvida pode ser filiado a essa concepção. Porém, sua caricatura teatral e novelística do filisteu da época de Guilherme II, em muitos pontos tributária da obra de Frank Wedekind (cuja filha Pamela foi a terceira esposa de Sternheim), é mais intelectual, mais precisa e fria

161

do que a acusação apaixonada dos expressionistas, exacerbada pelo morticínio da guerra. O que a distingue também é a surpreendente análise econômica e a argúcia com que arranca a máscara do chavão ideológico, a maestria com que esquematiza a psicologia fundamental do pequeno-burguês (antecipando certas teses de Erich Fromm acerca do sadomasoquismo que teria caracterizado a classe média guilhermina e que, perdurando depois da guerra, teria favorecido o surto nazista). De acordo com isso, pareceria que não se aplica a Sternheim a crítica que Lukács fez ao expressionismo, alegando que os seus adeptos teriam feito uma oposição puramente ideológica à burguesia e à guerra, "sem penetrarem nas leis econômicas". Entretanto, o fato é que Kaiser o ataca com violência maior que a maioria radicalmente idealista do movimento. A razão é certo grã-finismo que transparece na obra de Sternheim. Filho de um banqueiro, casado em segundas núpcias com uma multimilionária (em certos contos alude a isso), Sternheim era um *grandseigneur* (ilustre cavalheiro) e um individualista radical, aristocrata refinado, *gourmet* (apreciador da boa mesa) de profundos conhecimentos gastronômicos, vivendo na Alemanha e, principalmente, na Bélgica em palácios com numerosa criadagem.

Sua crítica à burguesia guilhermina tira muito da sua substância ácida de Flaubert e coincide em certa medida com a que se conhece de romances como *O Súdito* e *Professor Unrat* (em que se baseia o filme *O Anjo Azul*), de Heinrich Mann. É sobretudo a crítica de um homem de costumes requintados contra a "plebe" burguesa, contra o mau gosto, o *kitsch*, os anões de jardim, o sofá de veludo, contra tudo aquilo que é "pseudo": o pseudogosto da *canaille* (canalha) é, para ele, sintoma de uma corrupção mais profunda que atinge os nervos morais da sociedade. Terrível desmascarador, desvenda por trás da fachada de gesso o pseudomundo do carreirismo e do arrivismo, a avareza, a ambição desenfreada de dinheiro, poder e posição, tudo isso encoberto por suspiros sentimentais e olhos extaticamente revirados; e ferreteia os motivos reles velados por frases vazias de patriotice e ufanismo, por metáforas retumbantes em torno dos famosos "ideais elevados". A "luta contra a metáfora" tornou-se epígrafe de uma das suas coletâneas de contos.

A essa crítica não escapa o proletário ansioso por aburguesar-se, mesmo se para tal for necessário entrar em conluios e recorrer a manobras de política partidária. Os seus professores, guardas, cozinheiros, artistas, negocistas, especuladores, empregadas domésticas etc. representam uma galeria preciosa, verdadeiro gabinete de cera da época guilhermina, principalmente do *juste milieu* (meio justo), mundo grotesco que se agita tanto nas suas comédias dedicadas à "vida heroica da burguesia" como nos seus contos e novelas, reunidos sobretudo nos volumes da sua *Crônica do Início do Século XX* (1918 e 1926-1928). Entre os seus tipos prediletos encontra-se o homem que ascende do "fundo do povo", assim como o "ciclista", curvado sobre sua máquina na atitude de quem, pisado de cima, transmite a pressão pisando para baixo. Há na sua obra, particularmente na abordagem dos métodos de educação daquela época, o esboço de uma sociedade em que não poderia deixar de florescer a "personalidade autoritária" que, décadas depois, iria ser analisada, nos Estados Unidos, por T. W. Adorno e Horkheimer, em *The Autoritarian Personality* (A Personalidade Autoritária). Não sem razão, acusou Hitler de plágio por viver copiando sua personagem Schippel, o proletário que sobe na escala social graças à sua voz de tenor. Com efeito, nessa como em outras caricaturas, Sternheim antecipou a personalidade fundamental do *Führer* .

Nega-se a Sternheim frequentemente a qualidade de grande satírico. Faltar-lhe-ia a visão de uma humanidade ideal que pudesse servir de critério e pano de fundo para a crítica à sociedade real. Tal opinião não se justifica. Não só na peça *1913* (em que prevê a guerra e os desastres futuros), mas sobretudo na obra narrativa contrapõe à caricatura frequentemente a imagem do homem íntegro (cuja concepção, sem dúvida, inspira reservas). Não deixa de ser curioso verificar que o ideal que nutre a análise aguda e venenosa da sociedade guilhermina é essencialmente anárquico, visando, numa espécie de curto-circuito, não só a libertação daquela sociedade, mas da sociedade em geral. Surgem imagens encantadas de sábios autônomos, quase à maneira dos epicureus ou cínicos (no sentido autêntico, grego), ou de crianças e escolares ainda não contaminados pela educação ou pelos ressentimentos, ambições e convenções morais destilados por professores ou colegas precocemente pervertidos. O mendigo do conto dialogado "O Piolho", omitindo os artigos em obediência ao estilo característico do autor, declara: "Se alguma vez verifiquei bem-estar realmente profundo em mim, as causas sempre eram estas: a fome satisfeita após refeição moderada, repouso à luz do sol, um gole de ar após fumaça metropolitana e volúpia com suave comoção."

A sua rica interlocutora diz: "Como criança sentia-me, à minha maneira, redonda". Sentir-se "redondo", em si completo, levar uma vida "esbelta", não dever a amigos "as boas ações acumuladas", não pertencer "ao exército de mendigos mascarados, num mundo em que todos pedem de manhã à noite mutuamente a esmola do reconhecimento da própria existência" – eis o ideal deste individualista radical.

Tal ideal, temperado com condimentos de leve bucolismo, suave mística panteísta e um aroma nostálgico de vida elementar (ideal de um verdadeiro *chevalier* [cavalheiro]), é enriquecido pela exaltação wedekindiana do "espírito da carne", do impulso sexual na sua forma pura e primeva. No conto "Yvette", a personagem central, filha de um "rei do aço", mantém finas relações lítero-sexuais com o poeta René Maria Bland, imagem assaz caricata, ao que parece, de Rainer Maria Rilke. A milionária "dormia com ele e em todas as fases do seu convívio ele a recompensava com metáforas perfeitas [...] Um Tasso, ele abandonava a alcova e, ainda de cuecas, virava bronze e basalto".

No entanto, a principal recompensa – pois a vida burguesa consiste, segundo Sternheim, em transações – é o fluxo bem rilkiano de três volumes de cartas, astutamente estimulado por Yvette. Depositadas na caixa forte, para posterior publicação, elas lhe garantirão a imortalidade a preço baixo. "Reunia as cartas como recibos, alegrando-se ao verificar como a soma do testemunho (do poeta) ia subindo enormemente". Porém, o fim é o fracasso da milionária: o poeta, revitalizado por uma puríssima Lulu telúrica, manda às favas o requinte soberbo de Yvette.

O estilo de Sternheim é um dos fenômenos mais estranhos da literatura alemã. Artificial ao extremo, identifica-se ou se abre raramente à emoção das visões pastorais ou místicas do autor. Participa e se identifica, ao contrário, com a sociedade caricaturada, enquanto ao mesmo tempo a distancia pela ironia, pela estilização "cubista", pela linguagem elegante, fria, concisa, epigramática, que omite o artigo, tende à abstração de um falar substantivado, prefere o modo infinitivo do verbo e acaba funcionando como um espelho que distorce a realidade de uma maneira extremamente grotesca. Mais racionalista do que a maioria dos expressionistas, Sternheim dedica-se com mais coerência ao esforço do movimento de assimilar, na sintaxe e no vocabulário, o "mundo administrado", o universo metropolitano e técnico-industrial. Criou uma linguagem telegráfica, enregelada pela abstração, muito pessoal precisamente por aspirar à construção rígida e impessoal. Que teve plena consciência do seu processo verifica-se quando descreve a desumanização dos diálogos de um casal indiferente (no conto "Busekow"):

Economizavam mutuamente olhar e voz, chamavam-se e respondiam através de substantivos, aos quais faltavam os verbos e partículas de conexão, para ao fim economizarem nos sufixos de conceitos que se podiam pressupor conhecidos e esperados [...] Sabiam que uma oração bem conformada, símbolo de vida mais afável, até a medula os teria abalado e destruído.

É grande a ousadia com que Sternheim violenta o espírito da língua alemã pela "sintaxe geométrica", que impõe uma inversão total na estrutura das orações. Ao mesmo tempo, conseguiu imprimir à sua linguagem certo tom de caserna prussiana, em atrito com inflexões típicas do mundo bancário ou da confecção de roupas feitas. Para completar a máscara angulosa dessa linguagem – máscara cuja função é desmascarar –, insere em ampla medida a platitude romântico-sentimental, o lugar comum patriótico e moral, a metáfora sonora, o clichê, com efeitos que se assemelham aos obtidos por Ionesco. Essa linguagem "desumana" transforma o mundo de Sternheim em mentira, em gigantesca fachada, sem nenhum fundo, diante da qual se agitam bonecos que procuram desempenhar os papéis de seres humanos. Uma das mais conhecidas personagens de Sternheim chama-se Maske (máscara). Na sua obra, como mais tarde no teatro do absurdo, a própria língua coloca a máscara e torna-se personagem dramática. Essa língua artificial, inicialmente admirada, foi depois considerada insuportável. É curioso verificar que atualmente ela parece adquirir nova força. Ela convence. Funciona.

Memórias de Zuckmayer[10]

Ao comemorar, em fins de 1966, em Lucerna, Zurique e Berlim, o seu 70º aniversário, Carl Zuckmayer recebeu em festas retumbantes as homenagens pessoais de presidentes, chanceleres e ministros de vários países europeus. Pouco antes foi lançado o maciço volume (de quase seiscentas páginas) das suas memórias, com o título *Als waer's ein Stueck von mir*[11] (Como se Fosse uma Parte de Mim) – tornando-se o maior êxito livreiro alemão de 1966; por ocasião do aniversário já se venderam mais de 130 mil exemplares.

Poeta, narrador e, principalmente, dramaturgo, Zuckmayer é o último sobrevivente de uma geração que alcançou glória nos *roaring twenties* (barulhenta década de 1920). Dois anos mais velho que Brecht, durante anos amigo e companheiro seu, obteve com *O Vinhedo Alegre* (1925)

10. Suplemento Literário de *O Estado de S. Paulo*, de 13 maio 1967.
11. Frankfurt: Fischer, 1966 (N. do A.).

êxito semelhante (embora não tão duradouro) àquele que Brecht iria conquistar alguns anos depois com sua *Ópera dos Três Vinténs*. Mais tarde alcançou notoriedade internacional sobretudo pelos filmes baseados em peças e narrações suas, tais como *O Capitão de Koepenick*, *Senhor sobre a Vida e a Morte* (com Maria Schell) e *O General do Diabo* (de Kaeutner, com Curd Juergens). Deve-se a Zuckmayer a adaptação (e os diálogos) de *O Anjo Azul* (com Marlene Dietrich), baseado no romance *Professor Unrat*, de Heinrich Mann, além de vários argumentos para Karl Grune, Kaeutner e Alexander Korda.

Atitudes pouco favoráveis ao nazismo e uma genealogia não integralmente nórdica forçaram-no a emigrar em 1939 aos Estados Unidos. Não lhe foi difícil encontrar emprego na Warner Brothers. Nas memórias apresenta um quadro vivo de Hollywood, onde reencontrou boa parte de seus amigos, de Marlene Dietrich e E. M. Remarque a Lubitsch, Dieterle e Fritz Lang, para não falar do grande diretor teatral Max Reinhardt, que, após o fracasso financeiro do seu filme *Sonho de uma Noite de Verão*, acabou dirigindo ali uma escola de teatro. Embora ganhando a soma invejável de 750 dólares semanais, Zuckmayer permaneceu pouco tempo em Hollywood. Trabalhando num roteiro baseado no romance *A Disputa em Torno do Sargento Grisha*, de Arnold Zweig, foi chamado, certo dia, à presença de Hal Wallis. "Esqueça o Sargento Grisha", disse o todo-poderoso, que resolvera engavetar o romance por razões políticas. Ao invés disso, Zuckmayer devia escrever um filme sobre as aventuras de Don Juan, para Errol Flynn – "coisa romântica, melodrama, com muitos duelos e amores e com ambiente renascentista, Florença, os Médici". Zuckmayer objetou que a lenda de Don Juan se situava na Espanha e não em Florença. "Isso não importa", disse Hal Wallis. "Os Médici [ele deve ter pensado nos Bórgia, anota Zuckmayer] são atrativos, o clímax deve ser um caso de Don Juan com aquela famosa e bela envenenadora". "Sim ou não?", acrescentou o produtor. Zuckmayer deu uma resposta negativa (apesar da advertência conformista de Fritz Lang) e foi imediatamente despedido. Com os poucos dólares que lhe sobraram estabeleceu-se como *farmer* (fazendeiro) em Vernon, Nova Inglaterra, onde arrendou um sítio e criou galinhas. Em 1946, voltou à Europa.

O grande êxito das memórias de Zuckmayer explica-se, em parte, pelo fascínio dos altos e baixos de uma vida vivida em centros da cultura alemã, numa das fases mais dramáticas da história. Ele foi oficial de artilharia do início ao fim da Primeira Guerra Mundial, depois estudante; passou por anos de terrível miséria, tornou-se autor abastado, confortavelmente instalado na Áustria, perto de Salzburgo. Foi emigrante paupérrimo na América e é, ao fim, de novo autor vitorioso, radicado na Suíça. Zuckmayer fez do romance de sua vida um retrato colorido e vivo da época, nos seus aspectos artísticos, culturais e políticos, a partir do foco subjetivo das suas experiências pessoais. A Berlim da inflação, a consolidação precária da República de Weimar, a sua derrocada, o surto do hitlerismo, a tomada do poder – tudo é registrado e revivido. Evidentemente, nada disso teria relevância se não fosse um excelente narrador, embora em moldes tradicionais. Precisamente isso deve ter contribuído para o êxito do livro. Conquanto pertença à geração dos expressionistas mais jovens, tais como Hasenclever, Sorge, Toller, e suas primeiras manifestações literárias se situem na vizinhança desse movimento, cedo tomou rumos mais realistas (é considerado um dos inauguradores do Neue Sachlichkeit, isto é, do neo-objetivismo). É certamente o seu realismo que lhe rendeu triunfos fabulosos por parte de um público já um tanto cansado da abstração e dos excessos patéticos do expressionismo. Não resta dúvida, desde então a obra de Zuckmayer envelheceu. E esse fato se revela de um modo irremediável na sua poesia, campo mais sensível e mais sintomático para detectar o teor epigonal de um autor.

No entanto, o que na poesia tende quase a chocar por certa impressão de ranço, sustenta-se no teatro e mesmo na narração, ainda mais quando pertence a um tipo de memórias, em que parece prevalecer a massa esmagadora do "material" histórico, por mais que todo esse mundo narrado "fosse uma parte" do narrador. O título refere-se a um verso da conhecida canção do "bom camarada": "(Eu tive um camarada / Melhor que ele não há)", que morre ao lado do soldado-cantor, deixado atrás como se fosse uma parte dele. Ora, o que é parte de Zuckmayer deve sê-lo também de muitos dos seus leitores mais ou menos idosos. Quem entre eles não se lembraria, como o autor, da leitura proibida de escritores terríveis como Ibsen e Schnitzler, retirados da biblioteca cuidadosamente fechada do pai? Ainda que tal leitura não se realizasse exatamente debaixo do cobertor, à luz de uma lâmpada portátil, como nos assegura Zuckmayer. Tais aventuras proibidas compensavam a rotina da escola, cujo ensino se detinha em definitivo à altura de Goethe e Schiller. Por volta de 1910, todavia, surgiam nas vitrinas dos livreiros nomes até então desconhecidos – Heym, Trafil, Kafka, Stadler. Pelo mesmo tempo, Zuckmayer viu em Frankfurt, pela primeira vez, obras de Marc, Macke, Kandinski, Chagall, além de "um quadro selvagem de Severini"; e ali mesmo "comprei o manifesto futurista de Marinetti".

Depois da guerra, estudou disciplinas vagas nas universidades de Frankfurt e Heidelberg, onde Goebbels ouvia as preleções não arianas de Gundolf sobre o romantismo. O célebre professor fazia parte do círculo de Stefan George, que costumava passear, de esplendorosa cabeleira branca, pelo parque do castelo, ternamente apoiado nos ombros de um efebo eternizado em seus poemas.

Foi outro círculo literário de Heidelberg que encenou, em Frankfurt, pela primeira vez, uma peça do pintor expressionista Kokoschka. Segundo a narração de Zuckmayer, a Alemanha deve ter sido, então, o paraíso dos nudistas. Numa reunião festiva, na véspera da estreia, o astro da peça, o gigantesco centauro Heinrich George, apresentou-se inteiramente nu, erguido sobre uma mesa. Em compensação, tocava violino, enlevado pelas musas e pelo álcool. Na peça, por sua vez, uma jovem inteiramente despida desempenhava o papel da Vida, dizendo a H. George: "Bom dia, meu amigo, a Vida te fita sorrindo!" Nenhuma atriz profissional aceitara o papel, não por causa da nudez, como acentua o autor, e sim porque todo o papel consistia apenas dessa frase.

Em Heidelberg, conheceu também Ernst Bloch, o filósofo hoje famoso que consegue ser, ao mesmo tempo, marxista e religioso. Seu pensamento já então girava em torno do problema da esperança (publicara, em 1918, *O Espírito da Utopia*; décadas depois, sairia sua volumosa obra *O Princípio Esperança*). Todavia, as relações de Zuckmayer com essa figura curiosa, hoje universalmente estimada, não se nutriam da esperança e sim do entusiasmo comum por Karlay, de quem ambos julgam ser os maiores conhecedores. Antecipando programas da TV, procuravam derrotar-se mutuamente mediante perguntas ardilosas acerca dos romances do único autor alemão de quem a obra completa – por sinal vastíssima – saiu em versão brasileira.

Zuckmayer interrompeu seus estudos no início da década de 1920, no momento em que a sua primeira peça (*Encruzilhada*) fora aceita em Berlim, por Leopold Jessner. Um dos maiores diretores da época, Jessner foi a origem de uma epidemia: a escadaria expressionista, ocupando todo o palco vazio. Mais tarde, a escada foi introduzida no Brasil por Wolfgang Hoffman-Harnisch[12], se não nos falha a memória. Sérgio Cardoso, desempenhando o papel de Hamlet no Teatro Municipal de São Paulo, demonstrou na ocasião, com agilidade extraordinária, as virtualidades dinâmicas da escada de Jessner. Mas, apesar de tudo, a primeira peça de Zuckmayer sofreu um fracasso retumbante.

Os capítulos que dedica à mítica Berlim da década de 1920 são, certamente, os mais expressivos do livro. Apesar

12. Refere-se ao antológico *Hamlet*, de Shakespeare, direção de Hoffmann Harnisch e montagem do Teatro do Estudante do Brasil (dirigido por Paschoal Carlos Magno), que foi um dos marcos da modernização teatral brasileira. Estreada no Rio de Janeiro em janeiro de 1948, a peça veio a São Paulo em julho do mesmo ano, tendo Sérgio Cardoso no papel do protagonista. Sobre a encenação e o uso da "escadaria expressionista", ver: Ministério da Educação e Cultura – DAC-Funarte/Serv. Nac.de Teatro, *Dionysos*, MEC/DAC-Funarte/Serviço Nacional de Teatro, n. 23, set. 1978, p. 149-155.

das consequências da guerra perdida, apesar da terrível inflação, a capital alemã veio a ser, durante uma dúzia de anos, um dos mais extraordinários centros de irradiação cultural e artística do mundo ocidental. No entanto, ao autor fracassado a cidade mostrou o seu lado duro: para sobreviver, tornou-se isca de clubes noturnos e até vendedor de cocaína. Depois de muitas vicissitudes, passou a exercer, junto com Brecht, a função de "dramaturgo" num dos teatros de Max Reinhardt. "Dramaturgo", na terminologia alemã, não é um autor de peças, mas uma espécie de conselheiro literário teatral, leitor e adaptador de manuscritos enviados. Brecht e Zuckmayer, aliás, já eram amigos desde Munique, onde competiram como exímios tocadores de violão e cantores das próprias baladas.

As páginas que devota a Brecht são simpáticas pela modéstia do autor concorrente, que afirma ter reconhecido no outro, de imediato, "o gênio". A figura de Brecht surge um tanto pitoresca, envolvida de poesia e de leve aura mítica. O memorialista lhe descreve extensamente a espantosa produtividade e imaginação, assim como a predileção pelo trabalho em equipe. Brecht apreciava colaboradores mas, dotado de forte vontade de poder, impunha o seu domínio intelectual, apesar de suas maneiras aparentemente conciliadoras. Como "dramaturgo", a atividade de Brecht parece ter sido completamente nula. Aparecia uma vez por mês no escritório para retirar o seu ordenado. De vez em quando, para fins não exatamente profissionais, pedia a chave de uma sala em que havia um sofá amplo e macio. E certa ocasião, insistiu energicamente para que se desse ao Deutsches Theater um novo nome – Teatro Épico para Fumantes. O resultado principal das atividades de ambos parece ter sido o de terem devolvido uma peça de Robert Musil, que iria ser um dos maiores escritores austríacos, escrevendo sobre a capa do manuscrito a expressiva palavra com que se inicia o *Rei Ubu*, de Jarry (*Merde!*).

As memórias de Zuckmayer resultam, estranhamente, num misto de romance de entretenimento, coletânea de material anedótico, pesadelo e conto da carochinha. Em torno do eixo do narrador gira o carrossel repleto de figuras conhecidas, de Dorothy Thompson a Hemingway, de Werner Kraus a Emil Jannings, de Hindenburg a Hitler e Goebbels. Talvez seja mais adequado – para permanecermos nesse curioso parque de diversões – falar de uma montanha-russa, cujos vagonetes passam céleres por túneis escuros em que nos divertem e apavoram figuras de um gabinete de cera, repentinamente iluminadas. A obra, com efeito, se inicia em 1934 – no ápice da felicidade (a bela casa perto de Salzburgo), no momento exato em que começa a descida rápida para os anos funestos da tomada do poder, do *Anschluss* e da expulsão. Graças a esse pequeno golpe "modernista" de inversão temporal, toda a lenta ascensão da vida anterior, narrada em seguida, todos os bacanais, tristezas, lutas, alegrias e triunfos das primeiras décadas do século, impregnam-se de leve com a essência de um dos maiores desastres da história humana. Já sabemos que depois da queda do príncipe e do fracasso de Hollywood, vem a nova ascensão até os braços amigos dos presidentes, chanceleres e ministros. Mesmo topograficamente, Zuckmayer está hoje à altura da sua situação: reside na Suíça, em Saas-Fee, 1600 metros acima do nível do mar. Bem que poderia dizer, com seu querido Wedekind ou também com Acácio: a vida é uma montanha-russa.

Zuckmayer acredita firmemente no destino, nos sinais celestes, nos presságios e em si mesmo. A história do nosso tempo e da calamidade universal torna-se pano de fundo, floresta cheia de maus lobos e provação para a vida lendária do príncipe eleito: provação que o destino lhe impôs, a ele, para que a vencesse galhardamente. A realidade, posta nesse "romance da vida", começa a revestir-se de leves tintas de ficção. A história, no contexto memorial, vira um pouco estória, como se fosse uma parte do herói. As memórias têm dessas armadilhas, parece quase inevitável, até no caso de um autor tão modesto, tão generoso e amorável como Zuckmayer. É uma questão de gênero. Lemo-las com prazer e com proveito e ficamos cismando.

172

APÊNDICE:
NOTÍCIAS E COMENTÁRIOS
SOBRE BRECHT

Obras Sobre Brecht[1]

É constante o fluxo de obras que, saindo em ambas as partes da Alemanha, aumentam a bibliografia brechtiana. Recentemente, foi lançada, numa versão alemã (Alemanha Ocidental) a já famosa obra de Martin Esslin: *Brecht, A Choice of Evils*[2]. O título alemão é: *Brecht, das paradox des politischen Dichters*[3].

De Volker Klotz (Alemanha Ocidental) saiu a segunda edição de *Bertolt Brecht, Versüch über das werk*[4] (Bertolt

1. Manuscrito sem data.
2. London: Eyre & Spottiswoode, 1959. Trad. bras.: *Brecht, dos Males o Menor*, Rio de Janeiro: Zahar, 1979.
3. Frankfurt: Athenäum, 1962.
4. Bad Homburg: Günther, 1961.

Brecht, Ensaio sobre a Obra)(editora Hermann Gentner), em que o autor estuda temas, motivos e estrutura de poemas e peças e analisa a linguagem poética e dramatúrgica.

De Werner Hecht (Alemanha Oriental) acaba de sair uma obra com o título *Brechts weg zum epischen theater: Beitrag Zior Entwicklurg des epischen theaters*[5] (O Caminho de Brecht ao Teatro Épico), em que o autor analisa as várias fases da teoria brechtiana até 1933.

De Hans Mayer – professor de literatura na Alemanha Oriental – saiu já há certo tempo, na Alemanha Ocidental, a obra *Bertholt Brecht und die tradition*[6] (Brecht e a Tradição), uma das melhores coisas já escritas sobre Bertolt Brecht.

De Walter Hinck saiu a segunda edição de *Die dramaturgie des späten Brecht*[7] (Dramaturgia do Último Brecht), estudo minucioso das últimas peças, em que o autor examina também as relações entre Brecht e o teatro medieval, o teatro épico e o cinema e a concepção do ator e da cena brechtianos.

O Riso de Brecht[8]

Bertolt Brecht respondeu, durante sua vida, a inúmeras "enquetes" jornalísticas. Certa vez, um periódico desejava saber de personalidades famosas quantas vezes, por que motivo e de que jeito riram na vida. Brecht respondeu entre outras coisas: "Dei uma risada breve ao ouvir que Shaw é socialista". Outra vez, prossegue, "ri-me a bandeiras despregadas de Thomas Mann, ao afirmar este que o contraste entre a geração dele e a minha não era tão grande assim". Depois, "ri freneticamente, prolongadamente, sobre uma resposta do maior cômico alemão, Karl Valentin, a quem perguntaram por que usava óculos sem lentes. Valentin res-

5. Berlim: Henschelverlag, 1962.
6. Pfullingen: Neske, 1961.
7. Göttingen: Vandenhoeck & Ruprecht, 1966.
8. Manuscrito sem data.

174

pondeu: 'é melhor do que nada'. No mesmo momento, eu me lembrava, por associação, do nosso teatro atual". Ao fim, Brecht assevera que não riria, mas sentiria cócegas de rir, se do exposto se tirasse a conclusão de que costumava rir o dia inteiro sobre a literatura.

Realismo Socialista e Brecht[9]

Segundo amplo comentário aparecido no periódico *Aufbau* (Alemanha Oriental), dois críticos russos, T. Motyliowa e Ilia Fradkin, discutiram numa revista soviética problemas do realismo socialista nas literaturas ocidentais. A questão central foi esta: podem ser admitidas pelo realismo socialista formas artísticas como a parábola e outras que se servem do símbolo, da hipérbole, da deformação grotesca e fantástica? A discussão concentrou-se sobre o valor do expressionismo alemão e da dramaturgia de Brecht. T. Motyliova tende a considerar todo o modernismo europeu (incluindo o expressionismo) como baseado "numa concepção anti-humanista, segundo a qual o homem é fraco e solitário. Tais correntes derivam de uma concepção anti-humanista e associal da arte, de acordo com a qual a arte não pode ajudar o homem a conhecer e transformar o mundo". Já Fradkin diz: "Atribuir ao expressionismo uma orientação anti-humanista e associal significa afirmar algo que é diametralmente contrário à verdade". No que se refere a Brecht, Motyliowa aprecia somente as peças que têm concreta ambientação histórica, como *Mãe Coragem*. Fradkin, porém, aprecia também o Brecht mais abstrato: "A adoção, por Brecht, da forma parabólica, da vestimenta fantástica e exótica não decorre de um capricho casual, mas de um princípio analisado". Fradkin considera grave erro comparar o conteúdo realista das peças de Brecht com as de Ibsen ou Górki. "Dessa forma, ele passa a ser um dramaturgo in-

9. Manuscrito sem data.

significante". Devemos julgá-lo à base de critérios que decorrem de sua própria obra. E citando Goethe: "Quem quer entender o poeta, penetre no mundo do poeta".

Obras Póstumas[10]

A editora Suhrkamp, de Berlim, publicará postumamente todos os textos inéditos de Bertolt Brecht, enquanto prossegue na edição já iniciada das suas obras dramáticas completas. Além disso, lançou ou está lançando as peças em cadernos avulsos, a preços populares, sob o título geral de *Ensaios*, juntamente com numerosos estudos sobre o teatro (parcialmente versos), a técnica de representar, peças de exercício para atores, os problemas da poesia e da prosa, além de narrações, poemas, anedotas etc. Concomitantemente, está saindo a versão francesa das peças de Brecht, tendo aparecido por enquanto seis volumes da editora L'Arche, sob a direção de Pierre Abraham.

Brecht e o Lago[11]

No *Diário* do maior dramaturgo suíço da língua alemã, Max Frisch, muitas páginas são dedicadas a autores contemporâneos. As mais interessantes são as que falam dos seus encontros com B. Brecht na Suíça. "Ontem tomamos juntos banho (num lago suíço). É a primeira vez que vejo Brecht em plena natureza, num ambiente, portanto, que não pode ser transformado e que, por isso, não tem interesse para ele." Os dois interrompem uma discussão e entram na água. Ao ganharem, depois de certo tempo, de novo a terra firme, Brecht prossegue no debate como se este nunca tivesse sido interrompido: "Sabe, isso me parece

10. Manuscrito sem data.
11. Suplemento Literário de *O Estado de S.Paulo*, nov. 1968 (data incompleta).

176

exato. O ator do Puntila de modo algum deve produzir a impressão de que..."

Brecht Censurado[12]

Veementes debates em torno de Brecht foram travados no mensário *Der Monat* (Alemanha): deve-se ou não se deve apresentar Brecht nos teatros da Alemanha Ocidental?

O motivo dos debates foi a polêmica do austríaco Friedrich Torberg, que se empenhou pela repressão das peças brechtianas e obteve, pelo menos na Áustria, amplo êxito. Torberg admite a leitura das peças de Brecht; insurge-se, porém, contra a sua apresentação. Esta serviria apenas para suscitar demonstrações e provocações políticas. À polêmica de Torberg responderam numerosas personalidades alemãs de destaque, manifestando-se a favor da apresentação das peças de Brecht. Estas, de um modo geral, continuam a ser levadas à cena na Alemanha Ocidental, embora em algumas cidades tenham ocorrido proibições e em outras veementes atritos entre as facções antagônicas.

12. Suplemento Literário de *O Estado de S.Paulo*, 1962 (data incompleta).

FONTES

Correio da Manhã, 11.10.1958.
Correio do Povo (Porto Alegre), 30.1.1968.
Diário Popular, 4.8.1946.
Ita Humanidades (separata), v. 3, 1967.
Jornal de S.Paulo, 8.9.1946.
Manuscritos s.d. do acervo do autor.
História da Literatura e do Teatro Alemães. São Paulo: Perspectiva, 1993.
Teatro Moderno. 2. ed. São Paulo: Perspectiva, 2008.
Suplemento Literário de *O Estado de S. Paulo*: 27.10.1956 – 1.1.1958 –
   25.2.1958 – 1.3.1958 – 29.3.1958 – 12.4.1958 – 21.6.1958 – 24.1.1959 –
   28.11.1964 – 11.3.1967 – 1.4.1967 – 13.5.1967 – 3.2.1968 – 8.11.1969.
Programa do Teatro Maria Della Costa, set. 1958.

TEATRO NAS COLEÇÕES DEBATES E ESTUDOS

O Sentido e a Máscara
Gerd A. Bornheim (D008)

A Tragédia Grega
Albin Lesky (D032)

Maiakóvski e o Teatro de Vanguarda
Angelo M. Ripellino (D042)

O Teatro e sua Realidade
Bernard Dort (D127)

Semiologia do Teatro
J. Guinsburg, J. T. Coelho Netto e
Reni C. Cardoso (orgs.) (D138)

Teatro Moderno
Anatol Rosenfeld (D153)

O Teatro Ontem e Hoje
Célia Berrettini (D166)

Oficina: Do Teatro ao Te-Ato
Armando S. da Silva (D175)

O Mito e o Herói no Moderno Teatro Brasileiro
Anatol Rosenfeld (D179)

Natureza e Sentido da Improvisação Teatral
Sandra Chacra (D183)

Jogos Teatrais
Ingrid D. Koudela (D189)

Stanislávski e o Teatro de Arte de Moscou
J. Guinsburg (D192)

O Teatro Épico
Anatol Rosenfeld (D193)

Exercício Findo
Décio de Almeida Prado (D199)

O Teatro Brasileiro Moderno
Décio de Almeida Prado (D211)

Qorpo-Santo: Surrealismo ou Absurdo?
Eudinyr Fraga (D212)

Performance como Linguagem
Renato Cohen (D219)

Grupo Macunaíma: Carnavalização e Mito
David George (D230)

Bunraku: Um Teatro de Bonecos
Sakae M. Giroux e Tae Suzuki (D241)

No Reino da Desigualdade
Maria Lúcia de Souza B. Pupo (D244)

A Arte do Ator
Richard Boleslavski (D246)

Um Vôo Brechtiano
Ingrid D. Koudela (D248)

Prismas do Teatro
Anatol Rosenfeld (D256)

Teatro de Anchieta a Alencar
Décio de Almeida Prado (D261)

A Cena em Sombras
Leda Maria Martins (D267)

Texto e Jogo
Ingrid D. Koudela (D271)

O Drama Romântico Brasileiro
Décio de Almeida Prado (D273)

Para Trás e Para Frente
David Ball (D278)

Brecht na Pós-Modernidade
Ingrid D. Koudela (D281)

O Teatro É Necessário?
Denis Guénoun (D298)

O Teatro do Corpo Manifesto: Teatro Físico
Lúcia Romano (D301)

O Melodrama
Jean-Marie Thomasseau (D303)

Teatro com Meninos e Meninas de Rua
Marcia Pompeo Nogueira (D312)

O Pós-Dramático: Um conceito Operativo
J. Guinsburg e S. Fernandes (orgs.) (D314)

Contar Histórias com o Jogo Teatral
Alessandra A. de Faria (D323)

Brecht e o Teatro Épico
Anatol Rosenfeld (D326)

eatro no Brasil
Ruggero Jacobbi (D327)

) Questões Para um Papel
Jurij Alschitz (D328)

eatro Brasileiro: Ideias de uma História
J. Guinsburg e Rosangela Patriota
(D329)

ramaturgia: A Construção da
ersonagem
Renata Pallottini (D330)

aminhante, Não Há Caminho. Só Rastros
Ana Cristina Colla (D331)

nsaios de Atuação
Renato Ferracini (D332)

Vertical do Papel
Jurij Alschitz (D333)

láscara e Personagem: O Judeu no Teatro
rasileiro
Maria Augusta de Toledo Bergerman
(D334)

eatro em Crise
Anatol Rosenfeld (D336)

ão Caetano
Décio de Almeida Prado (E011)

lestres do Teatro I
John Gassner (E036)

lestres do Teatro II
John Gassner (E048)

rtaud e o Teatro
Alain Virmaux (E058)

nprovisação para o Teatro
Viola Spolin (E062)

go, Teatro & Pensamento
Richard Courtney (E076)

eatro: Leste & Oeste
Leonard C. Pronko (E080)

ma Atriz: Cacilda Becker
Nanci Fernandes e Maria T. Vargas
(orgs.) (E086)

BC: Crônica de um Sonho
Alberto Guzik (E090)

s Processos Criativos de Robert Wilson

Luiz Roberto Galizia (E091)

Nelson Rodrigues: Dramaturgia e
Encenações
Sábato Magaldi (E098)

José de Alencar e o Teatro
João Roberto Faria (E100)

Sobre o Trabalho do Ator
M. Meiches e S. Fernandes (E103)

Arthur de Azevedo: A Palavra e o Riso
Antonio Martins (E107)

O Texto no Teatro
Sábato Magaldi (E111)

Teatro da Militância
Silvana Garcia (E113)

Brecht: Um Jogo de Aprendizagem
Ingrid D. Koudela (E117)

O Ator no Século XX
Odette Aslan (E119)

Zeami: Cena e Pensamento Nô
Sakae M. Giroux (E122)

Um Teatro da Mulher
Elza Cunha de Vincenzo (E127)

Concerto Barroco às Óperas do Judeu
Francisco Maciel Silveira (E131)

Os Teatros Bunraku e Kabuki: Uma
Visada Barroca
Darci Kusano (E133)

O Teatro Realista no Brasil:
1855-1865
João Roberto Faria (E136)

Antunes Filho e a Dimensão Utópica
Sebastião Milaré (E140)

O Truque e a Alma
Angelo Maria Ripellino (E145)

A Procura da Lucidez em Artaud
Vera Lúcia Felício (E148)

Memória e Invenção: Gerald Thomas em
Cena
Sílvia Fernandes (E149)

O Inspetor Geral *de Gógol/Meyerhold*
Arlete Cavaliere (E151)

O Teatro de Heiner Müller

Ruth C. de O. Röhl (E152)
Falando de Shakespeare
Barbara Heliodora (E155)
Moderna Dramaturgia Brasileira
Sábato Magaldi (E159)
Work in Progress na Cena
Contemporânea
Renato Cohen (E162)
Stanislávski, Meierhold e Cia
J. Guinsburg (E170)
Apresentação do Teatro Brasileiro
Moderno
Décio de Almeida Prado (E172)
Da Cena em Cena
J. Guinsburg (E175)
O Ator Compositor
Matteo Bonfitto (E177)
Ruggero Jacobbi
Berenice Raulino (E182)
Papel do Corpo no Corpo do Ator
Sônia Machado Azevedo (E184)
O Teatro em Progresso
Décio de Almeida Prado (E185)
Édipo em Tebas
Bernard Knox (E186)
Depois do Espetáculo
Sábato Magaldi (E192)
Em Busca da Brasilidade
Claudia Braga (E194)
A Análise dos Espetáculos
Patrice Pavis (E196)
As Máscaras Mutáveis do Buda Dourado
Mark Olsen (E207)
Crítica da Razão Teatral
Alessandra Vannucci (E211)
Caos e Dramaturgia
Rubens Rewald (E213)
Para Ler o Teatro
Anne Ubersfeld (E217)
Entre o Mediterrâneo e o Atlântico
Maria Lúcia de S. B. Pupo (E220)

Yukio Mishima: O Homem de Teatro e de
Cinema
Darci Kusano (E225)
O Teatro da Natureza
Marta Metzler (E226)
Margem e Centro
Ana Lúcia V. de Andrade (E227)
Ibsen e o Novo Sujeito da Modernidade
Tereza Menezes (E229)
Teatro Sempre
Sábato Magaldi (E232)
O Ator como Xamã
Gilberto Icle (E233)
A Terra de Cinzas e Diamantes
Eugenio Barba (E235)
A Ostra e a Pérola
Adriana D. de Mariz (E237)
A Crítica de um Teatro Crítico
Rosangela Patriota (E240)
O Teatro no Cruzamento de Culturas
Patrice Pavis (E247)
Eisenstein Ultrateatral: Movimento
Expressivo e Montagem de Atrações na
Teoria do Espetáculo de Serguei Eisenstein
Vanessa Teixeira de Oliveira (E249)
Teatro em Foco
Sábato Magaldi (E252)
A Arte do Ator entre os
Séculos XVI e XVIII
Ana Portich (E254)
O Teatro no Século XVIII
Renata S. Junqueira e Maria Gloria C.
Mazzi (orgs.) (E256)
A Gargalhada de Ulisses
Cleise Furtado Mendes (E258)
A Dramaturgia da Memória no Teatro-
Dança
Lícia Maria Morais Sánchez (E259)
A Cena em Ensaios
Béatrice Picon-Vallin (E260)
Teatro da Morte
Tadeusz Kantor (E262)

scritura Política no Texto Teatral
Hans-Thies Lehmann (E263)

a Cena do Dr. Dapertutto
Maria Thais (E267)

Cinética do Invisível
Matteo Bonfitto (E268)

uigi Pirandello:
m Teatro para Marta Abba
Martha Ribeiro (E275)

eatralidades Contemporâneas
Sílvia Fernandes (E277)

onversas sobre a Formação do Ator
J. Lassale e J.-L. Rivière (E278)

Encenação Contemporânea
Patrice Pavis (E279)

s Redes dos Oprimidos
Tristan Castro-Pozo (E283)

Espaço da Tragédia
Gilson Motta (E290)

Cena Contaminada
José Tonezzi (E291)

Gênese da Vertigem
Antonio Araújo (E294)

rabalhar com Grotowski : Sobre as Ações
ísicas
Thomas Richards (E296)

Fragmentação da Personagem: No Texto
eatral
Maria Lúcia Levy Candeias (E297)

lquimistas do Palco: Os Laboratórios
eatrais na Europa
Mirella Schino (E299)

alavras Praticadas:O Percurso Artístico
e Jerzy Grotowski, 1959-1974
Tatiana Motta Lima (E300)

ersona Performática:
lteridade e Experiência na Obra de
enato Cohen
Ana Goldenstein Carvalhaes (E301)

omo Parar de Atuar
Harold Guskin (E303)

Metalinguagem e Teatro: A Obra de Jorge
Andrade
Catarina Sant Anna (E304)

Função Estética da Luz
Roberto Gill Camargo (E307)

Poética de "Sem Lugar"
Gisela Dória (E311)

Entre o Ator e o Performer
Matteo Bonfitto (E316)

A Missão Italiana: Histórias de uma
Geração de Diretores Italianos no Brasil
Alessandra Vannucci (E318)

Além dos Limites: Teoria e Prática do Teatro
Josette Féral (E319)

Ritmo e Dinâmica no Espetáculo Teatral
Jacyan Castilho (E320)

A Voz Articulada Pelo Coração
Meran Vargens (E321)

Beckett e a Implosão da Cena
Luiz Marfuz (E322)

Teorias da Recepção
Claudio Cajaiba (E323)

A Dança e Agit-Prop
Eugenia Casini Ropa (E329)

O Soldado Nu: Raízes da Dança Butô
Éden Peretta (E332)

Teatro Hip-Hop
Roberta Estrela D'Alva (E333)

Alegoria em Jogo: A Encenação Como
Prática Pedagógica
Joaquim C.M. Gama (E335)

Jorge Andrade: Um Dramaturgo no
Espaço-Tempo
Carlos Antônio Rahal (E336)

Campo Feito de Sonhos: Inserção e
Educação Através da Arte
Sônia Machado de Azevedo (E339)

Os Miseráveis Entram em Cena: Brasil,
1950-1970
Marina de Oliveira (E341

Isto Não É um Ator
Melissa Ferreira (E342)

Impresso na cidade de Cotia,
nas oficinas da Meta Brasil,
para a Editora Perspectiva.